ALICE fait des MERVEILLES quand elle s'en fout !

ANNE-SOPHIE LESAGE • FANNY LESAGE • LÉNA PIROUX

ALICE fait des MERVEILLES quand elle s'en fout !

SOLAR
EDITIONS

CE MATIN...
JE L'AIMAIS
YOGA
FILLE
L'ALCHIMISTE
MICHELLE OBAMA DEVENIR
BZZT
BZZT

J'AI REÇU UNE NOTIFICATION FACEBOOK QUI, APRÈS M'AVOIR RÉVEILLÉE UN JOUR DE GRASSE MAT, M'A FAIT VOYAGER 10 ANS EN ARRIÈRE...
OUI, JE SUIS TOUJOURS SUR FACEBOOK.
JE SAIS QUE CE N'EST PLUS « THE PLACE TO POST » MAIS J'AI TOUJOURS EU DU MAL AVEC LE CHANGEMENT (J'AI ENCORE MA BOÎTE CARAMAIL). ALORS, OUI, J'AI AUSSI UN COMPTE INSTAGRAM (TIK TOK ? FAUT PAS DÉCONNER, NAN), MAIS PARFOIS SURFER SUR FACEBOOK, SA NAVIGATION VINTAGE, ME RASSURE ET ME RÉCONFORTE.
LIFE IS A BICHE
Alice
Workin' mom
Message
Mariée à Antoine (mais secrètement amoureuse de Laurent Delahousse)
2 enfants #jumelles
Groupes: Hyper-penseuses anonymes
Happy Workers
Amis
Sophie
Julia
Tonton Luc
Ernest
En voir plus
Photos
Centres d'intérêt
Rollers dance
HARTLEY coeurs à vif
Hartley coeurs à vif
Le Dalaï Lama

J'AI DONC CLIQUÉ AVEC EXCITATION POUR VOIR QUEL SOUVENIR SE CACHAIT DERRIÈRE CETTE NOTIFICATION, EN ESPÉRANT QU'IL NE CONCERNE PAS MON EX #LOL

J'ÉTAIS PERCHÉE EN HAUT DU KILIMANDJARO AVEC MA COPINE MAUDE APRÈS 8 JOURS D'ASCENSION. ET ÇA M'A TOUT DE SUITE FRAPPÉE : SUR CETTE PHOTO, J'AI L'AIR LIBRE, HEUREUSE, AUCUNE IDÉE SOMBRE NE SEMBLE ENTRAVER MON BONHEUR. (JE NE DIS PAS ÇA À CAUSE DU STYLE VESTIMENTAIRE ALÉATOIRE QUE J'ARBORAIS ALORS FIÈREMENT.)

CETTE SENSATION DE LIBERTÉ ME PARAÎT SI LOINTAINE AUJOURD'HUI. JE ME RENDS COMPTE QU'AU FIL DES ANNÉES, J'AI LAISSÉ LES RUMINATIONS ET LES PRISES DE TÊTE PRENDRE (UN PEU) TROP DE PLACE DANS MON QUOTIDIEN.

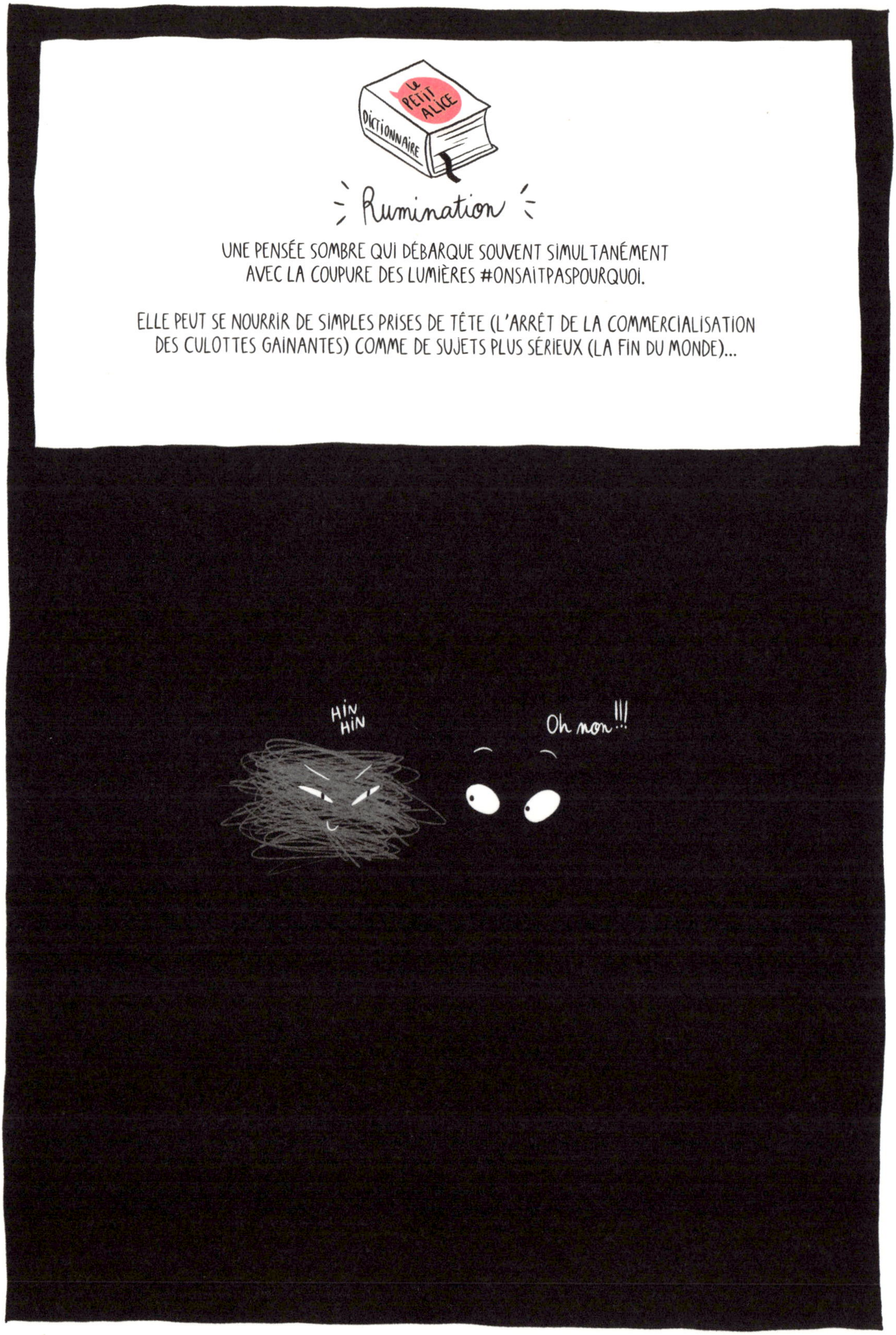
LE PETIT ALICE
DICTIONNAIRE
Rumination
UNE PENSÉE SOMBRE QUI DÉBARQUE SOUVENT SIMULTANÉMENT AVEC LA COUPURE DES LUMIÈRES #ONSAITPASPOURQUOI.
ELLE PEUT SE NOURRIR DE SIMPLES PRISES DE TÊTE (L'ARRÊT DE LA COMMERCIALISATION DES CULOTTES GAINANTES) COMME DE SUJETS PLUS SÉRIEUX (LA FIN DU MONDE)...
HIN HIN
Oh non !!!

MAIS ALORS QUE S'EST-IL PASSÉ?
QUEL GRAIN DE SABLE EST VENU ENRAYER LA MACHINE?
QUEL PHÉNOMÈNE DÉCLENCHEUR EST À L'ORIGINE DE TOUT CELA?
LA SÉPARATION DES SPICE GIRLS?
LE DIVORCE DE BRAD PITT ET JENNIFER ANISTON?
L'ARRIVÉE DU LEGGING...
CE SOUVENIR VENAIT M'INTERROGER SUR LE QUAND, LE COMMENT ET LE POURQUOI DE MA PROPENSION À COUPER LES CHEVEUX EN QUATRE. J'AI ALORS DÉCIDÉ DE (RE)PASSER MA VIE AU PEIGNE FIN.
Vous me suivez?

PREMIÈRE PARTIE

ARRÊTE de PENSER, COMMENCE à danser !

À L'ORIGINE

JEUNE, TRÈS JEUNE, J'AI VITE MONTRÉ DES SIGNES D'AFFIRMATION SANS FAILLE. AUCUNE FAILLE...
NON.
NON
NON
JE SAVAIS CE QUE JE VOULAIS ET PERSONNE NE POUVAIT SE METTRE EN TRAVERS DE MA ROUTE.
j'ai faim
j'ai soif
Caca.
JE M'HABILLAIS COMME J'EN AVAIS ENVIE, SANS ME SOUCIER DU REGARD DES AUTRES.
IL FAUT DIRE AUSSI QUE C'ÉTAIT UNE ÉPOQUE OÙ ON N'AVAIT PAS LA MÊME NOTION DU LÂCHER-PRISE... TU VOYAGEAIS SANS CEINTURE DE SÉCURITÉ, À TE BASTONNER AVEC TES FRÈRES ET SŒURS PENDANT QUE TES PARENTS CLOPAIENT FENÊTRES FERMÉES !
JE SAVAIS QUE J'ÉTAIS VOUÉE À UNE GRANDE DESTINÉE. JE NE M'EMBARRASSAIS ALORS PAS DE SAVOIR S'IL FALLAIT UNE QUELCONQUE LÉGITIMITÉ, OU SUIVRE UN CURSUS POUR Y PARVENIR. JE ME VOYAIS BIEN REPRENDRE LE FLAMBEAU DE LADY DI #PRINCESSEREBELLE.
(JE NE ME DOUTAIS PAS À L'ÉPOQUE DE LA FIN TRAGIQUE QUI L'ATTENDAIT.)
MA SEULE INTERROGATION ÉTAIT DE SAVOIR SI J'ÉPOUSERAIS SON FILS WILLIAM OU BIEN STEVE DES WORLDS APART DONT LES MOTS SAVAIENT ME TOUCHER EN PLEIN CŒUR. QUELLE INSOUCIANCE, QUAND ON VOIT QUE LES PETITES FILLES D'AUJOURD'HUI RÊVENT DE CHANGER LE MONDE #GRETA.

MAIS, PETIT À PETIT, QUAND LA CHENILLE S'EST TRANSFORMÉE EN COCCINELLE (J'AI TOUJOURS ÉTÉ MÉDIOCRE EN SCIENCES NAT), J'AI COMMENCÉ À M'INTERROGER, À DOUTER... UN PEU DE TOUT ET SURTOUT DE MOI.
JE PRÊTAIS DE PLUS EN PLUS D'IMPORTANCE À MES CONGÉNÈRES, LEUR LOOK, LEUR DIALECTE, AVEC LA SEULE INTENTION DE RENTRER DANS LE MOULE ET DE NE PAS FAIRE TROP DE VAGUES.
UN JOUR JE FAISAIS PARTIE DE LA TEAM BOMBERS ET DR MARTENS.
LE LENDEMAIN, DE LA TEAM GOTHIQUE-INTELLO (OUI, ON AVAIT UNE TEAM GOTHIQUE-INTELLO TRÈS ELITISTE).
Crow
JEUNE ADULTE, IL A FALLU PRENDRE DES DÉCISIONS, FAIRE DES CHOIX ET DÉCOUVRIR LES LONGUES HEURES DE RÉFLEXIONS QUI VONT AVEC.
T'as choisi, Alice ?
SANDWICH JAMBON
SANDWICH POULET
JE ME SUIS MISE À ANALYSER ET DÉCORTIQUER CHAQUE SITUATION DE MON QUOTIDIEN.
C'est à moi qu'il a demandé un Typex, est-ce que je dois en déduire qu'il me kiffe ? Est-ce à moi de faire le next move ?

INUTILE DE PRÉCISER QU'AU FIL DES ANNÉES, CE GRAND «BORDEL» NE S'EST PAS ARRANGÉ. À CHAQUE ANNIVERSAIRE, SON LOT DE PRISES DE TÊTE...
À 20 ANS, JE VIS ENCORE CHEZ PAPA-MAMAN... MAIS J'AI LU CINQ FOIS «LE TOUR DU MONDE EN QUATRE-VINGTS JOURS» DE JULES VERNE.
À 25 ANS, JE NE SUIS TOUJOURS PAS EN CDI... MAIS J'AI ENFIN DES TICKETS RESTO #GIRLBOSS.
À 30 ANS, JE NE SUIS PAS ENCORE MARIÉE MAIS JE CROIS QU'ANTOINE EST EN TRAIN DE SE DÉCIDER...
Si tu ne me fais pas ta demande avant la fin de l'année, je rappelle mon ex !
ET JE NE FAIS PAS MENTION DU NOMBRE INCALCULABLE DE NOUVELLES SOURCES DE PRISES DE TÊTE AVEC L'ARRIVÉE DES ENFANTS...
(BON OK ! J'EN FERAI MENTION, C'EST PROMIS)

AUJOURD'HUI :

JE SUIS UNE TRENTENAIRE QUI NE PEUT PAS SE PLAINDRE
DE CE QUE SA VIE LUI OFFRE AU QUOTIDIEN, C'EST SÛR.
MÊME SI WILLIAM A FINALEMENT TROUVÉ L'AMOUR AILLEURS #NOCOMMENT,
J'AI POUR MA PART UN ASSEZ BEL ÉQUILIBRE DE VIE :

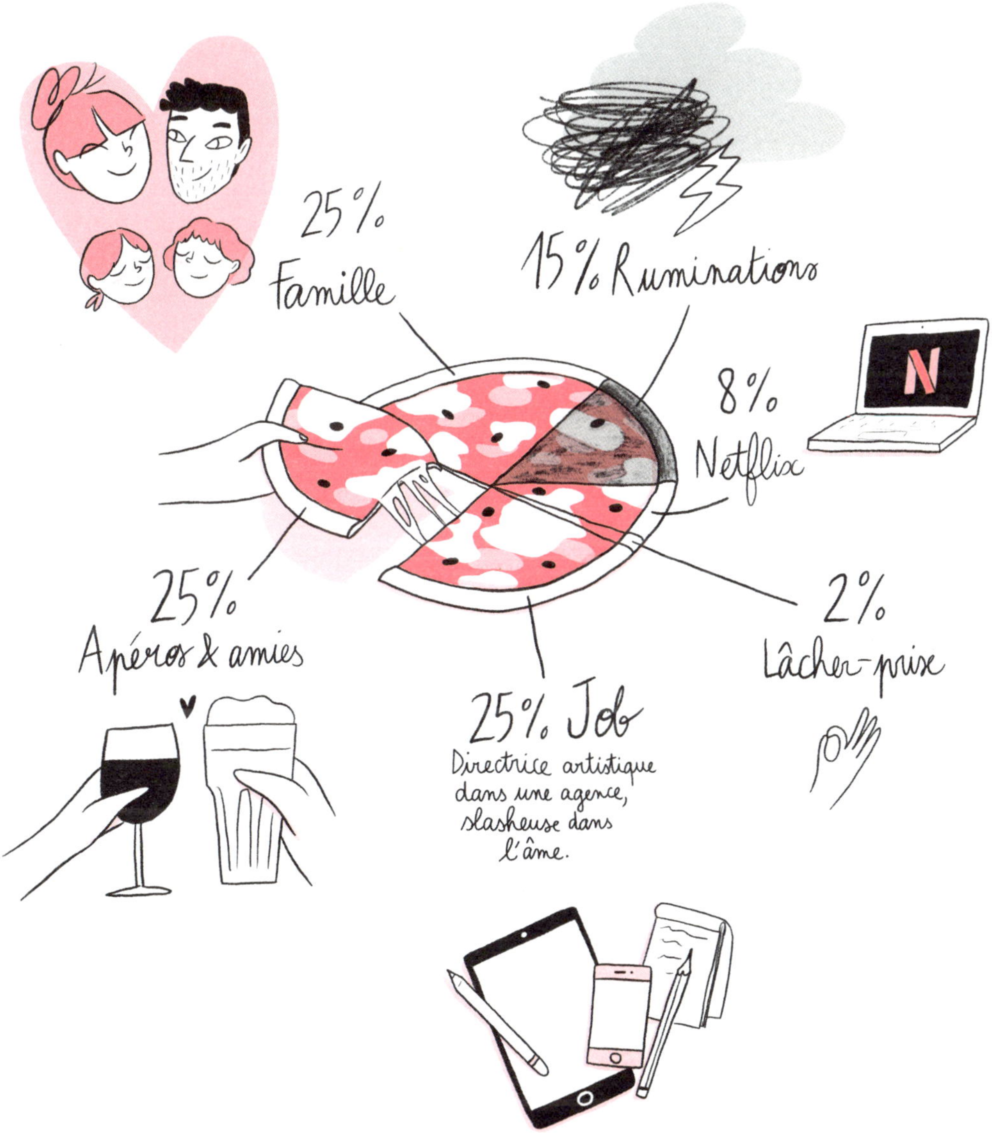

MALGRÉ CELA, JE MÈNE UN COMBAT.
UN COMBAT QUE CONNAISSENT BEAUCOUP DE FEMMES, CONTRE DES ENNEMIS VISIBLES ET INVISIBLES :
MES PENSÉES
MON MANQUE DE CONFIANCE EN MOI
PFUIIIT
MA CULPABILITÉ
MA TENDANCE À L'AUTO-FLAGELLATION
MÊME SI MON FEED INSTAGRAM VÉHICULE UNE TOUT AUTRE IMAGE.
CELA RESTE UN COMBAT DE CHAQUE INSTANT QUE JE SAIS PARTAGER AVEC PAS MAL DE SŒURS #SORORITÉ.
DES BATAILLES QUI SE LIVRENT SUR UN SEUL TERRITOIRE, OBSCUR, COMPLEXE, MAIS QUI PEUT AUSSI SE RÉVÉLER UN MAGNIFIQUE TERRAIN DE JEUX ET D'OPPORTUNITÉS POUR GRANDIR, ÉVOLUER ET ME DÉPASSER :
MA TÊTE !
ET CE, À TOUTE HEURE DU JOUR ET DE LA NUIT.
INSOMNIES
AUTO FLAGELLATION
PRISES DE TÊTE
ANGOISSES
CULPABILITÉ
REGRETS
RUMINATIONS
DOUTE
MOTIVATION
COURAGE
BATAILLE
RENONCEMENT
LOOSE
UNE FOIS MA MERVEILLEUSE CHEVELURE (AUX POINTES SÈCHES ET CHEVEUX CASSANTS) POSÉE SUR L'OREILLER, TOUT S'EMBALLE.
?
JE REJOINS LA TEAM DES HYPER-PENSEUSES (OUI, ON A MÊME UN NOM).

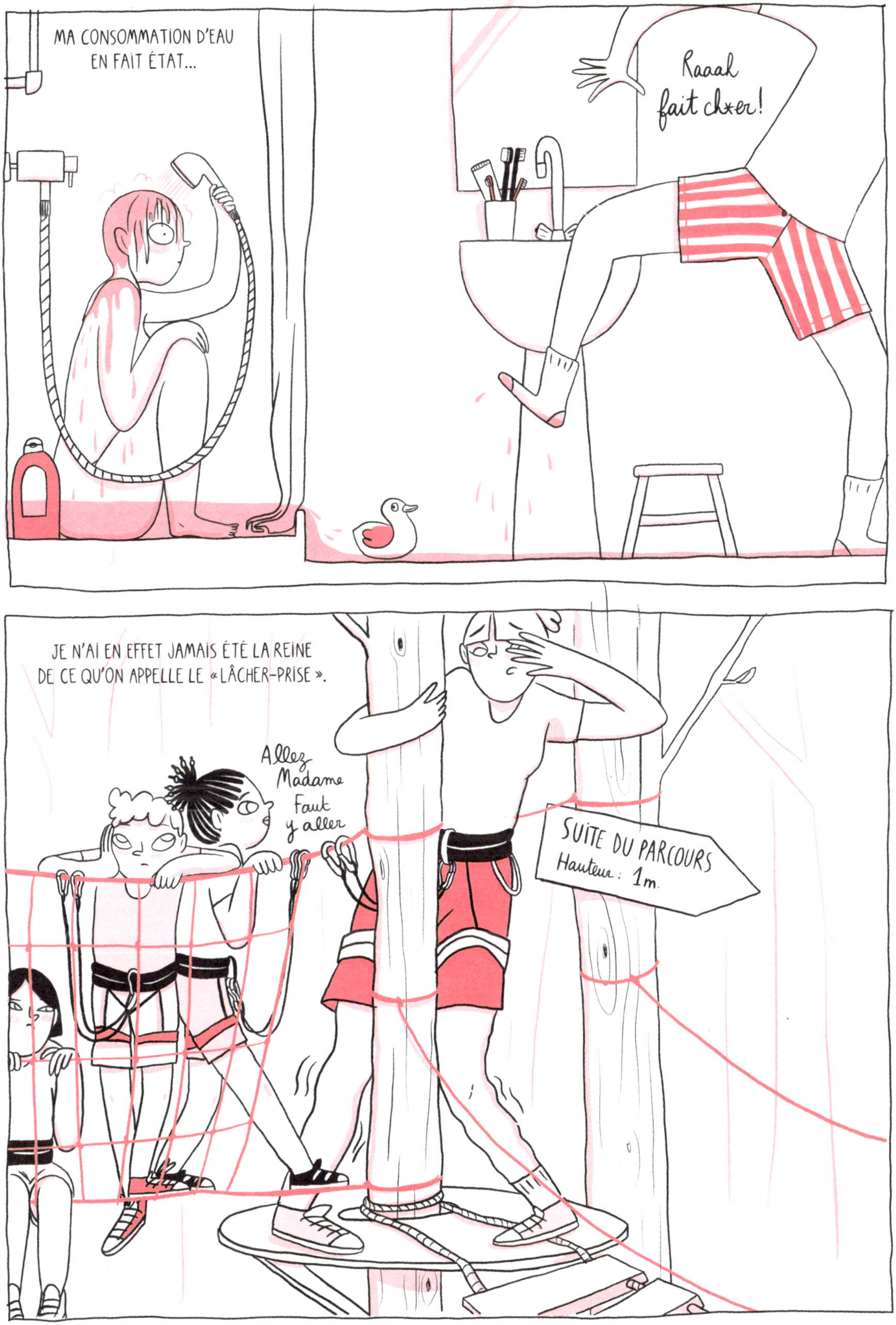
MA CONSOMMATION D'EAU
EN FAIT ÉTAT...
Raaah fait ch*er!
JE N'AI EN EFFET JAMAIS ÉTÉ LA REINE
DE CE QU'ON APPELLE LE « LÂCHER-PRISE ».
Allez Madame Faut y aller
SUITE DU PARCOURS
Hauteur : 1m.

POUR MOI CELA RESTE UNE NOTION AUSSI ABSTRAITE QUE LA CHIMIE QUANTIQUE. POURTANT, À CHAQUE ÉTAPE DE MA VIE, MON ENTOURAGE M'A TOUJOURS INVITÉE À « LÂCHER PRISE » :
Nan mais lâche prise, Alice, c'est quand tu ne t'y attendras pas que tu tomberas amoureuse.
Jamais !
Mais lâche prise, Alice, si tu attends à côté de ton téléphone, tu vas envoyer des mauvaises ondes et ils ne t'appelleront jamais pour le poste. Fais comme si tu t'en foutais, ça marche toujours pour moi.
(J'AI OUBLIÉ DE VOUS PRÉCISER QU'À LA MAISON, J'AI UN GENRE DE MIX ENTRE LE DALAÏ-LAMA ET PASCAL LE GRAND FRÈRE.)
Je sais que c'est difficile d'encaisser les déceptions mois après mois, ma chérie, mais ça ne peut que marcher si tu lâches un peu prise. Tu veux un kir... champagne ?
Nan mais, elles ont 20 mois et elles ne marchent toujours pas, t'imagines !
Oui, mais c'est probablement parce qu'elles sentent que tu leur mets la pression !
Ah oui, donc c'est ma faute si mes filles se traînent encore à quatre pattes à bientôt 2 ans ?
Je ne dis pas ça, je te dis juste de lâcher prise sur le sujet, elles vont forcément finir par marcher. Et avoue que t'as jamais marché super droit non plus.

Nan mais lâche prise, Alice !
T'as essayé de lâcher un peu prise ?
Lâche, lâche, lâche !
Il faut vraiment que tu lâches prise, là !
MAIS JE LAAAACHE PRISE BORDEL !

Lâcher-prise

UN PEU COMME LE POINT G,
TU SAIS QUE ÇA EXISTE,
QU'IL EST SOURCE DE PLAISIR,
MAIS TU NE SAIS PAS VRAIMENT COMMENT L'ATTEINDRE.

ET CE N'EST PAS FAUTE D'AVOIR ESSAYÉ QUELQUES MÉTHODES POUR ATTEINDRE LE POINT E (LE POINT « ÉPANOUISSEMENT »)... AVEC PLUS OU MOINS DE SUCCÈS, JE DOIS L'AVOUER.

DE L'EXPÉRIENCE QUASI MYSTIQUE POUR ME RECENTRER...

... AU PLUS TERRE À TERRE, POUR DÉSENCOMBRER MON MENTAL.

Ah si! Il y a bien un autre moment où j'excelle dans le lâcher-prise: l'apéro!
PENDANT CES (RARES) PARENTHÈSES, JE METS DE CÔTÉ MA TENDANCE À L'ANTICIPATION DE SOUCIS, MA CAPACITÉ À CRÉER DES SCÉNARIOS CATASTROPHES DE MA VIE, UN PEU À LA DEMANDE (J'AI UNE VIE INTÉRIEURE TRÈS RICHE).
CES MOMENTS SONT AUSSI CEUX OÙ JE BRILLE EN DONNANT DE FORMIDABLES CONSEILS À MON CREW. DE CEUX QUE JE NE SAURAIS ÉVIDEMMENT PAS TENIR MOI-MÊME.
Donc, ta DRH a entendu que tu la traitais de «Princesse Nadine la radine?» Alors que tu n'avais pas coupé ta visio?
Oui, mais bon elle ne s'appelle pas Nadine... Après, je me suis lancée dans une imitation... avec costume.
T'inquiète! Elle sera sûrement étonnée par ta créativité et ton talent pour la mise en scène.
PASSÉS CES MOMENTS, JE N'AIME PAS TROP SORTIR DU CADRE.

DISONS QUE J'AI BESOIN DE REPÈRES DANS MON QUOTIDIEN, JE NE SUIS PAS FAN DU CHANGEMENT...

MÊME SI J'AI CONSCIENCE QUE JE SUIS MA MEILLEURE ENNEMIE (POKE LORIE… AH NAN),
LE NATUREL REVIENT AUSSI VITE AU GALOP QUE MES CHEVEUX QUI FRISENT !
COMME CETTE PETITE TENDANCE À L'EXAGÉRATION.
Tu te rends pas compte… C'est horrible…
Si on m'avait dit que c'était possible…
La pire nouvelle de ma vie.
SOUPIR
TUUT.
Ils ne vont pas tourner de nouvelle saison de The Crown !

OU CETTE MINUSCULE TENDANCE À L'HYPOCONDRIE…
DÈS QUE JE REGARDE UN ÉPISODE DE « GREY'S ANATOMY »,
JE FINIS SYSTÉMATIQUEMENT AVEC UNE MALADIE RARE ET INCURABLE.
Cette fois c'est sûr, c'est la fièvre jaune !!!

HEUREUSEMENT POUR MOI QU'UN VIRUS N'A PAS MIS LE MONDE EN PÉRIL, AVEC LE RISQUE CONSTANT DE TUER LES GENS QU'ON AIME D'UNE SEULE ÉTREINTE ! ET QUI NOUS OBLIGE À RESTER ENFERMÉES AVEC MARI ET ENFANTS. AHAH LA BLAGUE !
Il faut vraiment que j'arrête de regarder des films catastrophes #guiltypleasure.
À CELA S'AJOUTE MA CAPACITÉ À ME COMPARER H24 À MON ENTOURAGE ET À CROIRE QUE LE FEED INSTAGRAM DE LA VOISINE EST PLUS VERT QUE LE MIEN #FOMO
Pourquoi c'est rangé un dimanche matin chez elle ?
Et pourquoi son CHIEN a plus de followers que moi ?
Elle part encore en week-end, là ? Elle est déjà partie le week-end dernier, bordel !
J'ESSAYE SOUVENT DE ME RECONNECTER À MES ÉMOTIONS...
Oooommm...
nutella
MAIS MON CÔTÉ HYPERSENSIBLE (RE)PREND SOUVENT LE DESSUS !
C'est si émouvant !
Pampers
Pour des fesses bien au sec !

Hypersensibilité

UN SUPER POUVOIR QUI TE PERMET DE VIVRE TON QUOTIDIEN UN PEU COMME SI TU ÉTAIS DANS UN ÉPISODE DE « GAME OF THRONES » : TU ES TRAVERSÉE PAR UNE ÉMOTION À LA MINUTE.

ET JE NE VOUS PARLE PAS (AH SI, QUAND MÊME) DE MON BESOIN INCONDITIONNEL D'ÊTRE AIMÉE DE TOUS. ANTOINE SE FOUT SOUVENT DE MON CÔTÉ HYPER-TROP-SOCIABLE. IL EST VRAI QU'AU QUOTIDIEN JE DÉPLOIE BEAUCOUP D'ÉNERGIE POUR ME FAIRE APPRÉCIER.
Ah oui oui, je vous comprends. C'est pareil pour nous.
Surtout avec les enfants.
Heureusement Toinou l'a bien pris!
Tuuut
C'était qui ?
Rien, une erreur de numéro.
MAIS VOILÀ, SI JE DEVAIS RÉSUMER EN UNE IMAGE, MA VIE PREND TROP SOUVENT DES ALLURES DE MONTAGE DE MEUBLE IKÉA.
ÇA RESTE UN CASSE-TÊTE...
J'AI BEAU AVOIR LE MODE D'EMPLOI...
ET À LA FIN, C'EST TOUJOURS BANCAL !

HEUREUSEMENT, MA TRÈS GRANDE CONFIANCE EN MOI ET LA HAUTE ESTIME QUE J'AI DE MOI-MÊME ME PERMETTENT DE SURVIVRE #GAG. ÇA SE VOIT DANS TOUTES LES SPHÈRES DE MA VIE :
EN ENTRETIEN D'EMBAUCHE :
Votre CV est intéressant, vous avez largement le background...
Oui oui, j'ai 10 ans d'expérience, mais si vous préférez, vous pouvez me tester d'abord en stage, et puis si vous êtes content de moi, on signe un contrat d'apprentissage, en vue de préparer un CDD ?
CHEZ LE GYNÉCO :
Et donc, j'enlève ma culotte aussi ?
À LA PISCINE :
CHEZ MOI, « NULLE » PLACE AU DOUTE...
Je suis nuuuulle, je suis une meeerdeeeee.
Mais putaiiin je te dis que je suis une meeeerdeeee.

QUANT À L'INQUIÉTUDE, TRÈS PEU POUR MOI !
Maman, c'est grave si ma fille a lâché un « putain » à sa maîtresse... ?
Google, « est-ce que c'est grave si ma fille a lâché un "putain" à sa maîtresse ? »
Sophie, c'est grave si ma fille a lâché un « putain » à sa maîtresse... ?
Chéri, tu crois que c'est grave si ta fille a lâché un « putain » à sa maîtresse ?
Boule magique, est-ce que c'est grave si
C'EST PAS GRAVE VA TE COUCHER !!! (ET ARRÊTE DE ME SECOUER)

ÉVIDEMMENT JE RIGOLE, J'AI AU MOINS LA CHANCE D'ÊTRE LUCIDE SUR MON STATUT D'HYPER-PENSEUSE / OVER THINKEUSE (OUI, ÇA S'EXPORTE) ! S'IL EXISTAIT UNE REMISE DE PRIX JE RAFLERAIS PROBABLEMENT TOUT :
Je remercie ma mère qui a su déceler mon haut potentiel de grosse relou. Mon mari qui sait délicatement me recadrer d'un « Mais t'es tarée ! Tu te crées des problèmes là où il n'y en a pas ! » Et tout cela n'aurait évidemment pas été possible sans mes enfants qui m'ont permis d'alimenter de nouvelles angoisses...
#1
MÊME DANS MA VIE DE FEMME, CE QUI DEVRAIT ÊTRE SIMPLE ME SEMBLE ÊTRE UN CASSE-TÊTE PERMANENT. MAIS À BIEN Y RÉFLÉCHIR, TOUT N'EST PAS DE MON FAIT. JE SUIS SÛRE QUE C'EST UNE CONSPIRATION INTERNATIONALE DESTINÉE À RENDRE CHÈVRES LES FEMMES...
NE SERAIT-CE QUE POUR LE CHOIX DE LEUR CONTRACEPTION :
Bon, c'est quoi, le moins pire ?
Stérilet hormonal
Stérilet cuivre
Préservatif
Pilule
Symptothermie
Est-ce que je préfère avoir :
▲ des règles (trop) abondantes ?
□ ou plus du tout de règles ?
♥ des « spottings » ?
★ des migraines hormonales ?
Est-ce que j'accepte de perdre ma libido :
□ un peu
★ beaucoup
♥ Passionnément
Résultats à la fin du mag' !

PARCE QUE, OUI, MÊME SI LES FEMMES SONT FERTILES SEULEMENT 6 JOURS PAR MOIS VS TOUS LES JOURS POUR LES MESSIEURS, LA CONTRACEPTION, C'EST ENCORE POUR BIBI !
Merde, est-ce que j'ai bien pris ma pilule ?
ET LE PÉRINÉE, ON EN PARLE ? CELUI QUI OCCUPE DÉSORMAIS UNE BONNE PARTIE DE MES PÉR...ÉGRINATIONS, ET QUI ME RAPPELLE À CHAQUE INSTANT QUE JE NE PUIS CÉDER À UN FOU RIRE OU M'ADONNER À UNE ACTIVITÉ « PHYSIQUE » SANS RISQUES... LÀ AUSSI JE DOIS RESTER DANS LE CONTRÔLE...
UN TRAMPOLINE !!!
NOOOON
OUAIIIS !!!
TIENS, D'AILLEURS, EN PARLANT DE CONTRÔLE, À LA MAISON ON M'ACCUSE D'ÊTRE « CONTROL FREAK » !
!?
MOI ????
nan mais SERIEUX ?!?!!
IL EST VRAI QU'IL Y A DE PETITS SUJETS D'ORDRE MÉNAGER SUR LESQUELS NOUS NE PARTAGEONS SIMPLEMENT PAS LA MÊME CONCEPTION NI LES MÊMES CROYANCES AVEC ANTOINE.
Donc, toi, tu CROIS que ta paire de basket, elle est mieux au milieu du salon que dans le placard à chaussures ? C'est juste pour savoir...

BON, SI ON EN EST AU STADE DE TOUT SE DIRE (SANS SE JUGER, NATURELLEMENT), J'AVOUE QUE PARFOIS JE METS EN PLACE QUELQUES PETITS « PIÈGES » DE-CI DE-LÀ. PAR EXEMPLE, LA DERNIÈRE FOIS, J'AI PLACÉ UN ROULEAU DE PQ BIEN EN VUE SUR LA TABLE DE LA CUISINE ET J'AI TESTÉ LE SEUIL DE RÉSISTANCE D'ANTOINE.
BONAP
Sauce miam!
AU BOUT DE COMBIEN DE TEMPS ALLAIT-IL SE DIRE QUE CELA N'AVAIT RIEN À FAIRE LÀ ? ET LE RANGER ?
C'ÉTAIT IL Y A 4 MOIS, LE ROULEAU EST TOUJOURS LÀ. JE DIS ÇA, JE DIS RIEN. IL A DÛ PENSER QUE ÇA REMPLAÇAIT LES SERVIETTES DE TABLE.
DE LÀ À DIRE QUE JE SUIS CONTROL FREAK, JE TROUVE ÇA UN PEU EXAGÉRÉ, FRANCHEMENT !
On est bien d'accord ?
OK, SI JE VEUX ÊTRE COMPLÈTEMENT TRANSPARENTE, JE PEUX PARFOIS ENDOSSER UN COSTUME DE MEUF UN PEU ACARIÂTRE AVEC ANTOINE.
Juste un peu… ?

IL EST VRAI QU'AVEC LE TEMPS, NOTRE COUPLE A UN PEU PERDU DE SA FRAÎCHEUR, DE SA SPONTANÉITÉ :

J'ESSAYE D'ÊTRE MOINS CHIANTE... POUR PREUVE DE MA BONNE FOI, J'INVITE DE TEMPS À AUTRE SA MÈRE À DÎNER.
Non mais attends, c'est quand même pas de ma faute si ta mère a pas vu mon invitation Facebook !

HEUREUSEMENT, JE NE SUIS PAS SEULE DANS CETTE AVENTURE ! IL EST UN ÊTRE QUI ÉCOUTE CHACUNE DE MES RUMINATIONS SANS JAMAIS ME JUGER (OU PRESQUE) :
MA MÈRE.
Bla bla bla bla
ALICE

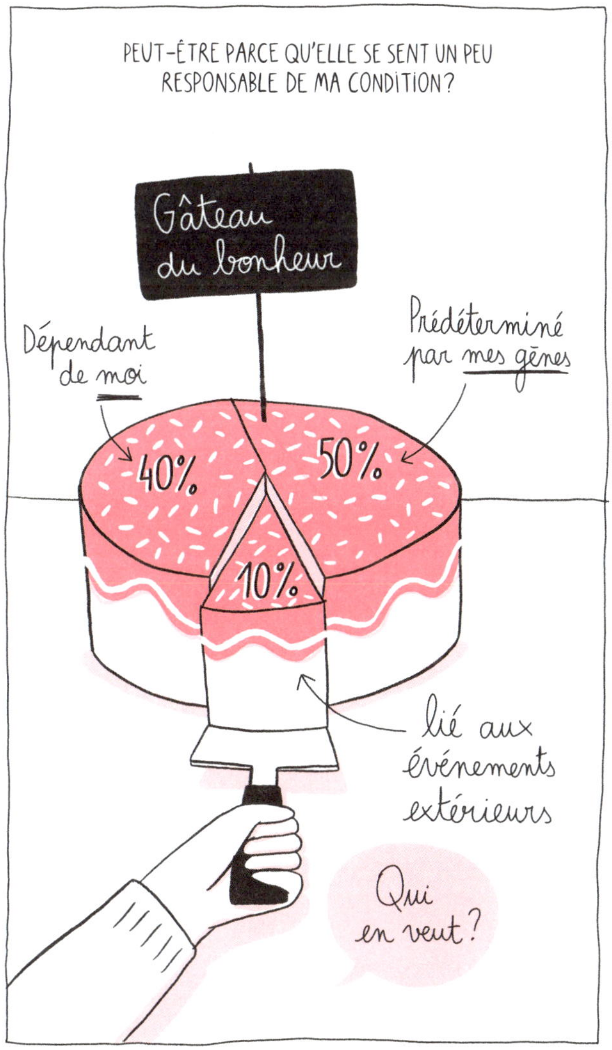
PEUT-ÊTRE PARCE QU'ELLE SE SENT UN PEU RESPONSABLE DE MA CONDITION ?
Gâteau du bonheur
Dépendant de moi
Prédéterminé par mes gènes
40%
50%
10%
lié aux événements extérieurs
Qui en veut ?

CE QUI EST DINGUE, C'EST QU'AVEC MA SŒUR, D'UN AN MON AÎNÉE, NOUS N'AVONS JAMAIS ÉTÉ LOGÉES À LA MÊME ENSEIGNE, COMME SI ON N'ÉTAIT PAS FAITES DANS LE MÊME MOULE.
lâcher-prise
insouciance
goût du risque
PEURS
RUMINATIONS
ANGOISSES

MAIS MA MÈRE-VEILLEUSE RESTE LÀ POUR MOI. À TOUTE HEURE DU JOUR ET DE LA NUIT, POUR DES PROBLÈMES PLUS OU MOINS EXISTENTIELS :
Donc, là, mon boss, qui au final est même pas officiellement mon boss, me donne une deadline !
ah oui
Mon N+2, qui est en arrêt pour burn-out, me dit que c'est pas à moi de le faire et d'en référer aux RH.
Bref, du coup je l'ai filé à Stéphanie !
Comment ça, c'est qui Stéphanie, maman ?
Bah, ma stagiaire ! Tu crois que j'aurais pas dû ?

NATURELLEMENT, J'AI MON CREW, MON GROUPE DE FILLES, POUR PRENDRE UN PEU DE HAUTEUR SUR LES TRACAS DU QUOTIDIEN, SOUVENT AUTOUR D'UN VERRE OU DEUX (ATTENTION, L'ABUS D'ALCOOL EST DANGEREUX POUR LA SANTÉ... ET LA DIGNITÉ). ON ÉCHANGE, SANS JAMAIS SE JUGER.

ON SE RETROUVE AUSSI DANS D'AUTRES CONTEXTES, POUR DES ACTIVITÉS DÉFOULOIR ET FÉDÉRATRICES, PAR EXEMPLE…

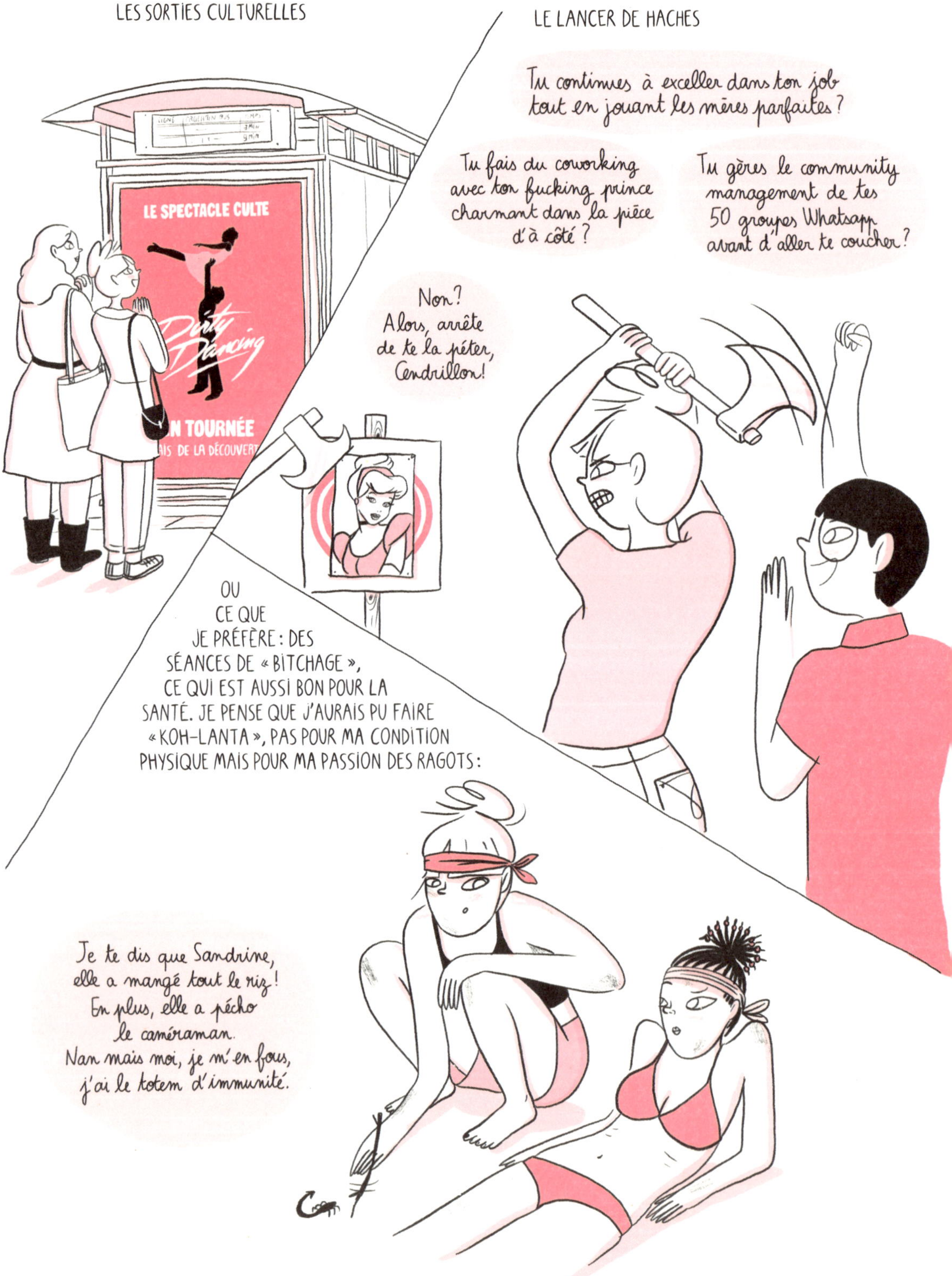

DES SÉANCES DE RAGOTAGE QUI FONT MALGRÉ TOUT RESSORTIR MON CÔTÉ « OVER ANGOISSÉE ». EN EFFET, AVANT DE M'ADONNER À UNE LÉGÈRE RAILLERIE, JE SUIS OBLIGÉE DE PASSER LA PIÈCE AU CRIBLE, EN MODE « NEW YORK POLICE JUDICIAIRE ». ON NE SAIT JAMAIS SI MON TÉLÉPHONE ÉTAIT MAL RACCROCHÉ OU S'IL Y AVAIT UN MICRO POSÉ...
Bon. Pas de caméra ici.
BREF, JE COCHE TOUTES LES CASES !
CONTROL FREAK
SYNDROME DE L'IMPOSTEUR
TENDANCE ATTA'CHIANTE
HYPER-PENSEUSE
HYPERSENSIBLE
Par contre je suis hyper douée au Mikado... mais on s'en fout !
MÊME QUAND JE N'AI PAS DE SOUCI, J'AI TENDANCE À M'EN CRÉER, OU EN TOUT CAS À EN CHERCHER UN NOUVEAU POUR ALIMENTER MES RUMINATIONS.
Numéro Masqué
Merde, ça doit être l'école. Je suis certaine que Clémence s'est encore enfilé une bille dans le nez. Il va falloir aller aux urgences. C'est con, on devait partir à la mer ce week-end !
A... A... Allô ?
Oui bonjour, madame, c'est votre conseiller SFR...

MAIS J'AI DE LA CHANCE, MA FAMILLE EST SOUVENT LÀ POUR ME RAPPELER À L'ORDRE...
CHAQUE MOIS DEPUIS QUELQUES ANNÉES MAINTENANT, ON A UN JOLI PETIT RITUEL, ON SE FAIT UN BRUNCH « INTERGÉNÉRATIONNEL » AVEC MA GRAND-MÈRE, MA MÈRE ET MA SŒUR. ON ÉCHANGE, ON DISCUTE, ON RIT. MA GRAND-MÈRE PARTAGE AVEC NOUS SES ANECDOTES PRÉSENTES ET PASSÉES.
MAIS LA DERNIÈRE FOIS, MA GRAND-MÈRE M'A FAIT UNE REMARQUE QUI ME RESTE EN TÊTE.
Alice, depuis que tu es là, tu n'as pas lâché ton téléphone. Tu as une urgence ? Un problème ?
DE VOUS À MOI, JE PANIQUAIS DU MANQUE DE LIKE SUR MA PUBLICATION INSTAGRAM #FICHUALGORITHME. J'AVAIS PEUR QUE MA GRANNY ADORÉE NE CONSIDÈRE PAS ÇA COMME UN VÉRITABLE SOUCI.
UN PEU COMME UNE GAMINE DE 4 ANS QUI SE FAIT RECADRER, J'AI BALBUTIÉ...
Euh non rien, pardon, Granny...

ET LÀ, MA GRAND-MÈRE M'A DIT QUELQUE CHOSE QUI M'A TOUCHÉE EN PLEIN CŒUR :

EN BONNE HYPERSENSIBLE, J'AVAIS LES LARMES AUX YEUX. MA SŒUR, PLUS MESURÉE, HOCHAIT LA TÊTE MAIS JE SAVAIS QUE ÇA L'AVAIT TOUCHÉE AUSSI. MA MÈRE JUBILAIT PUISQU'ELLE NOUS RABÂCHAIT CELA DEPUIS DES ANNÉES.

ON A ALORS FAIT LE GESTE LE PLUS FORT DE NOTRE GÉNÉRATION :
ON A MIS NOS TÉLÉPHONES EN MODE AVION.
UN NOUVEAU PETIT RITUEL QU'ON SUIT MAINTENANT À CHAQUE BRUNCH.

MAIS VOILÀ, CETTE PETITE SÉANCE D'INTROSPECTION MATINALE ME RAMÈNE ENCORE ET TOUJOURS À L'ÉTERNELLE QUESTION : COMMENT J'EN SUIS ARRIVÉE LÀ ? À ÊTRE QUOTIDIENNEMENT MA MEILLEURE ENNEMIE ?!

POUR TROUVER LA PAIX INTÉRIEURE, J'AI DÉCIDÉ D'ALLER ME CHANGER LES IDÉES ET DE M'ADONNER À MA PASSION : LES BROCANTES !

LIVRES
1€

ASSEZ VITE, J'AI FAIT LE PLEIN DE TROUVAILLES AUSSI INUTILES QU'ENCOMBRANTES. UNE COLLECTION DE PANIERS EN OSIER, UNE SUSPENSION EN MACRAMÉ ET UN PLANISPHÈRE...
J'ENTENDAIS DÉJÀ ANTOINE :
Mais on va les foutre où, tes m**** ?
Mais tu ne comprends pas, c'est pour leur offrir une seconde vie, et puis ils ont une âme, ces objets, une histoire à raconter !
Bah, ils peuvent les raconter ailleurs que dans mon salon !
ALORS QUE JE TENTAIS UNE DERNIÈRE NÉGO AU SUJET D'UN FAUTEUIL...
Il a vraiment appartenu à Louis XV ?
Bon, donc s'il n'a pas vraiment appartenu à Louis XV, vous me faites moins 50 % ?
?
... J'AI REMARQUÉ UNE VIEILLE FEMME, AU LOOK INCERTAIN.

C'ÉTAIT UN SAVOUREUX MÉLANGE ENTRE MADAME IRMA ET LA MAMIE D'UNE NOUNOU D'ENFER.
ELLE TENAIT UN STAND AUX ALLURES DE CAVERNE D'ALI BABA DRESSÉ SUR ROULOTTE.

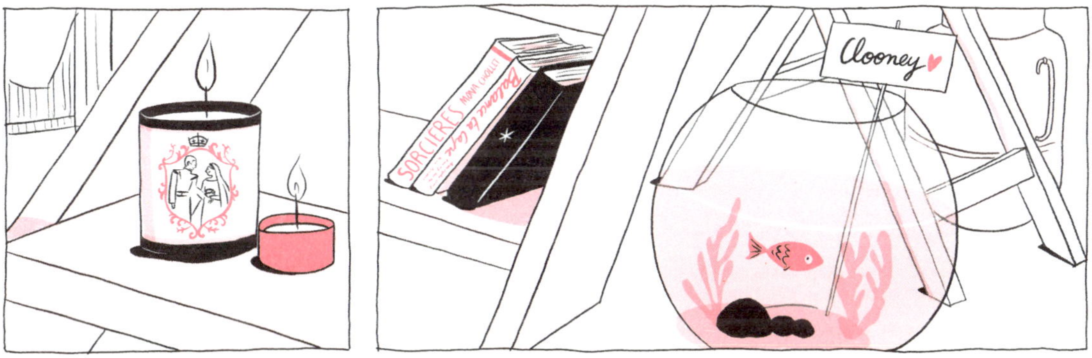

ÉTAIT-CE PARCE QUE JE L'AI REGARDÉE AVEC INSISTANCE (ET PRIS SA CAHUTE EN PHOTO POUR ALIMENTER MON COMPTE INSTA), OU QU'ELLE ÉTAIT ÉBLOUIE PAR MA NÉGOCIATION POUR LE FAUTEUIL...

ELLE M'A FAIT SIGNE D'APPROCHER.

?
C'EST ALORS QUE J'AI REMARQUÉ, ENFOUIS DANS SON BORDEL, UN T-SHIRT À MESSAGE VINTAGE ET DES CHAUSSETTES FLOQUÉES.
"Fuck" ?
Fuck!
fuck
Oui, fuck, merde, crotte ! C'est un appel au lâcher-prise, à ne pas se laisser emmerder, quoi. Prenez-les ! Je vous fais le tout à 5€.

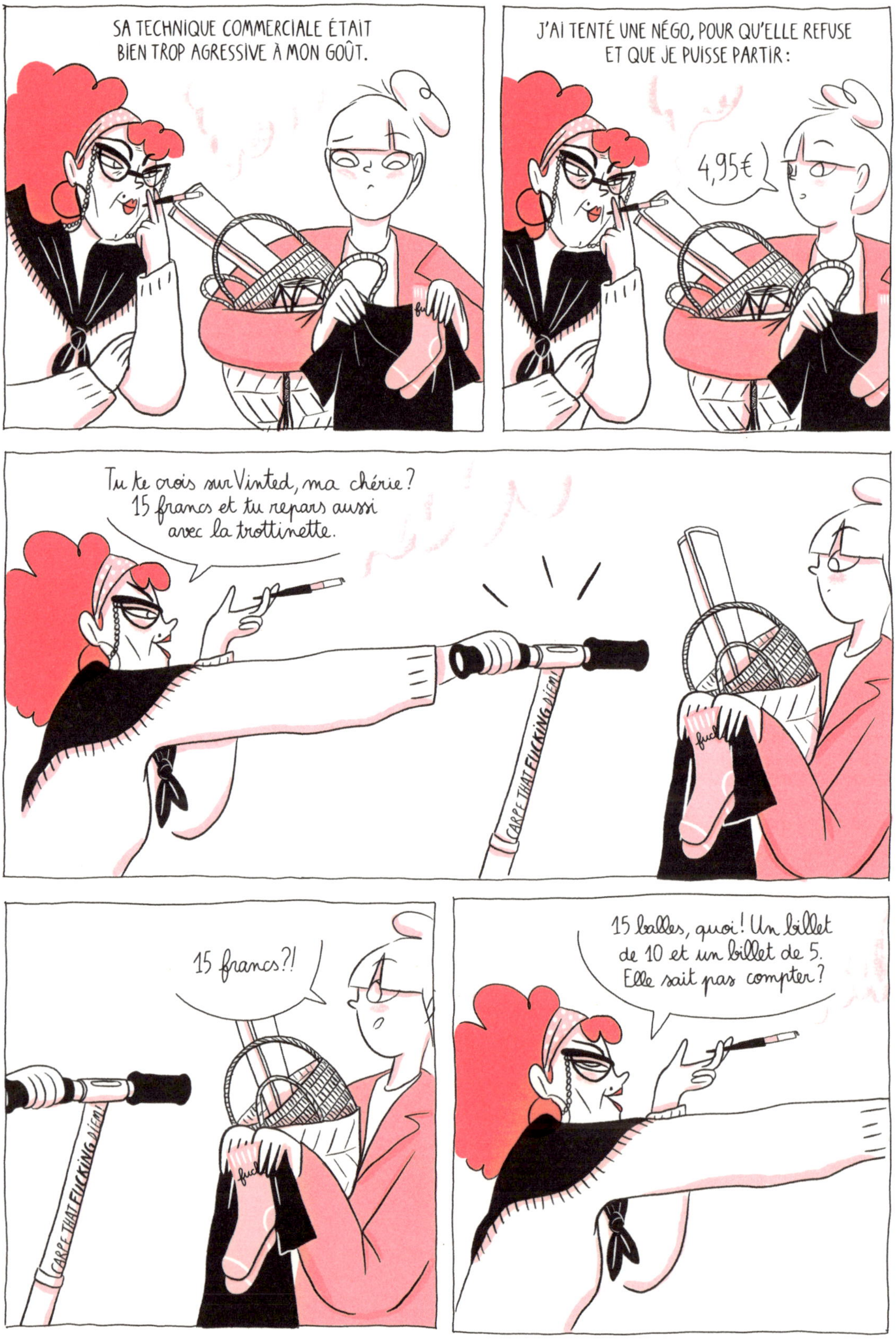
SA TECHNIQUE COMMERCIALE ÉTAIT BIEN TROP AGRESSIVE À MON GOÛT.
J'AI TENTÉ UNE NÉGO, POUR QU'ELLE REFUSE ET QUE JE PUISSE PARTIR :
4,95€
Tu te crois sur Vinted, ma chérie ? 15 francs et tu repars aussi avec la trottinette.
CARPE THAT FUCKING DIEM
15 francs ?!
15 balles, quoi ! Un billet de 10 et un billet de 5. Elle sait pas compter ?

APRÈS TOUT, ÇA FAISAIT LONGTEMPS QUE J'AVAIS ENVIE DE SAUTER LE PAS ET D'INTÉGRER LE CLUB PRISÉ DES TROTTI-RIDERS.
CARPE THAT FUCKING DIEM!
fuck
CARPE THAT FUCKING DIEM!
F
«F»? C'est la trottinette de Fantômette?
CARPE THAT FUCKING DIEM!
fuck
IMPASSIBLE FACE À MA BLAGUE DONT ELLE N'AVAIT CLAIREMENT PAS LA RÉFÉRENCE, ELLE M'A LANCÉ UN DERNIER :
Prends-les, tu ne le regretteras pas!
CARPE THAT FUCKING DIEM!
fuck

SENTANT QUE JE N'AVAIS PAS VRAIMENT LE CHOIX, ET NE VOULANT PAS RISQUER DE FROISSER UNE OCTOGÉNAIRE #KARMA, J'AI DONC AJOUTÉ CE BUTIN À MON SALON DE CURIOSITÉS.
Merde, j'ai oublié de lui demander si elle était sur Insta pour la mentionner dans ma story.
!!?

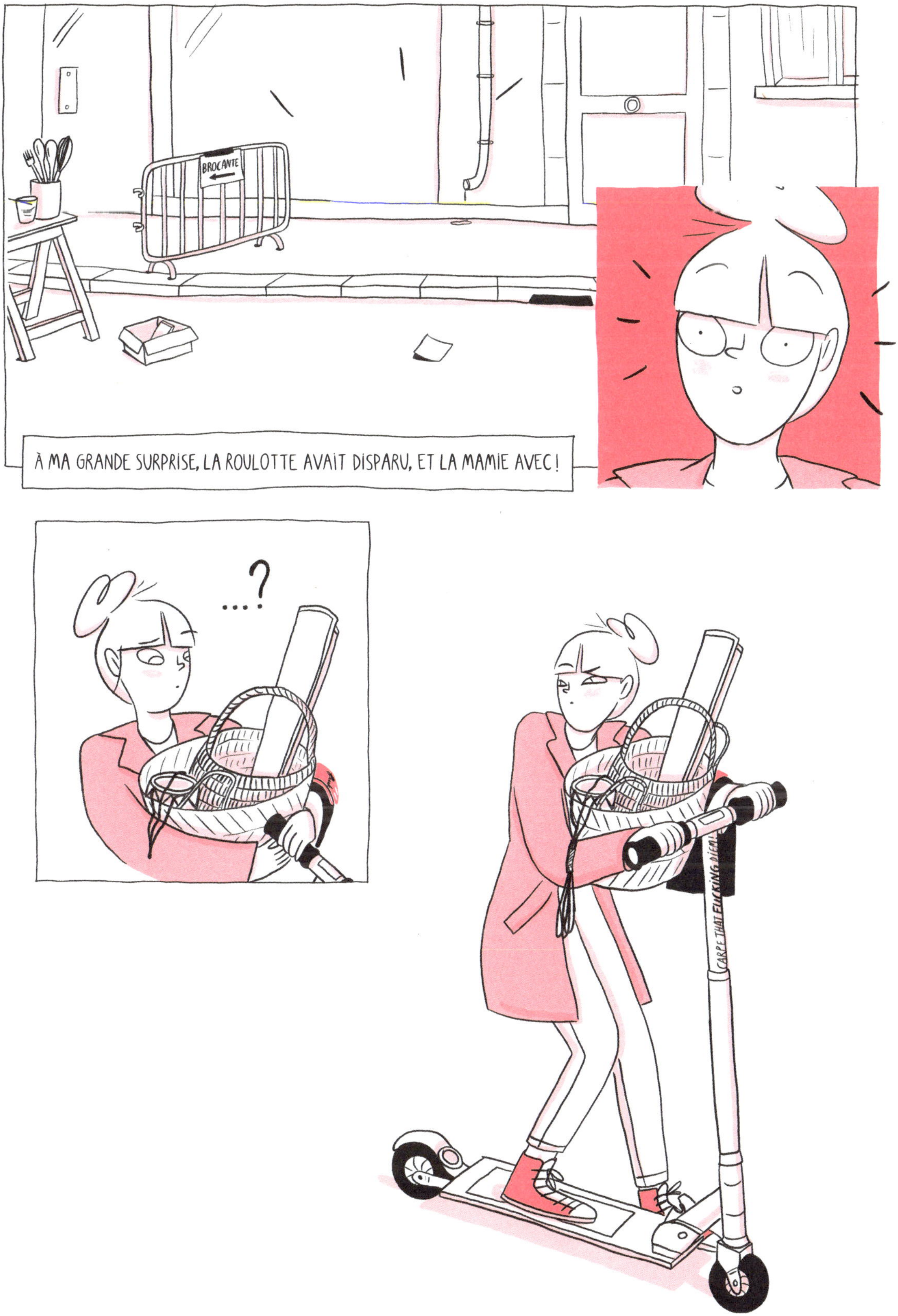
BROCANTE
À MA GRANDE SURPRISE, LA ROULOTTE AVAIT DISPARU, ET LA MAMIE AVEC !
...?
CARPE THAT FUCKING

DEUXIÈME PARTIE

Lève-toi et BRILLE

LE LENDEMAIN MATIN, JE ME SUIS LEVÉE.

J'AI REGARDÉ MON T-SHIRT ET MES CHAUSSETTES « FUCK ».
fuck
ck
Fuck!
Fuck!
ILS M'ONT REGARDÉE.
BREF, ON S'EST REGARDÉS.
ET PUIS J'AI DÉCIDÉ DE LES PORTER.
JE NE SUIS PAS DU GENRE À PASSER DES HEURES DEVANT UN MIROIR NI À ME FÉLICITER, MAIS LÀ, C'EST SORTI TOUT SEUL !
T'as une fucking classe, baby !
Fuck!
UNE FOIS PARÉE, J'AI EMBRASSÉ MA TROUPE QUI SE PRÉPARAIT À PARTIR POUR L'ÉCOLE ET ME SUIS APPRÊTÉE À AFFRONTER LA JUNGLE URBAINE.
Sympa ton T-shirt, y'a un message ?
Je l'ai acheté à la brocante. C'était presque donné. Bonne journée, les amours !

À PEINE SORTIE DE CHEZ MOI, JE TENTE D'EMPRUNTER AU GUÉPARD SA SOUPLESSE LÉGENDAIRE, POUR ÉVITER DE METTRE LE PIED SUR UN CACA DE CHIEN STRATÉGIQUEMENT DÉPOSÉ DEVANT MON IMMEUBLE.
RATÉ !
JE ME LANCE DANS UNE COURSE EFFRÉNÉE TELLE UNE (VIEILLE) GAZELLE POUR NE PAS LOUPER MON MÉTRO.
TUUUUUT
RATÉ !

J'ESSAYE ENSUITE DE ME FONDRE DANS LE DÉCOR TEL UN CAMÉLÉON
POUR QUE CE MEC COMPLÈTEMENT BOURRÉ NE ME VOMISSE PAS DESSUS.

UNE FOIS SUR LE QUAI, JE FINALISE MON APPROCHE DU WAGON,
AVEC AUTANT DE VOLONTÉ QU'UN GNOU QUI REJOINDRAIT UN RUISSEAU.

BRUSQUEMENT, SURGI DE NULLE PART, UN BLAIREAU – PAS L'ANIMAL CETTE FOIS, HEIN – M'A DÉBOÎTÉ L'ÉPAULE.
PAF!
AU MOMENT OÙ J'ALLAIS M'EXCUSER (COMME À MON HABITUDE), JE ME SUIS RAVISÉE...
Fuck!

insp.
POC POC
ET PUIS FUCK ! J'AI RESPIRÉ UN GRAND COUP ET J'AI BALANCÉ SES QUATRE VÉRITÉS À CE MUFLE.
Nan mais, vous n'êtes pas gêné de me déboîter l'épaule pour une place assise ? Vous n'étiez pas là quand mère Nature distribuait la politesse ? Vous avez une mère ?
(Oui bon, là, ma question était un peu con...)
VOUS AIMERIEZ QU'UN MEC LUI DÉMONTE L'ÉPAULE ?

J'ÉTAIS GALVANISÉE ! JE ME SUIS ALORS SENTIE TELLE LA JUSTICIÈRE DU MÉTRO.

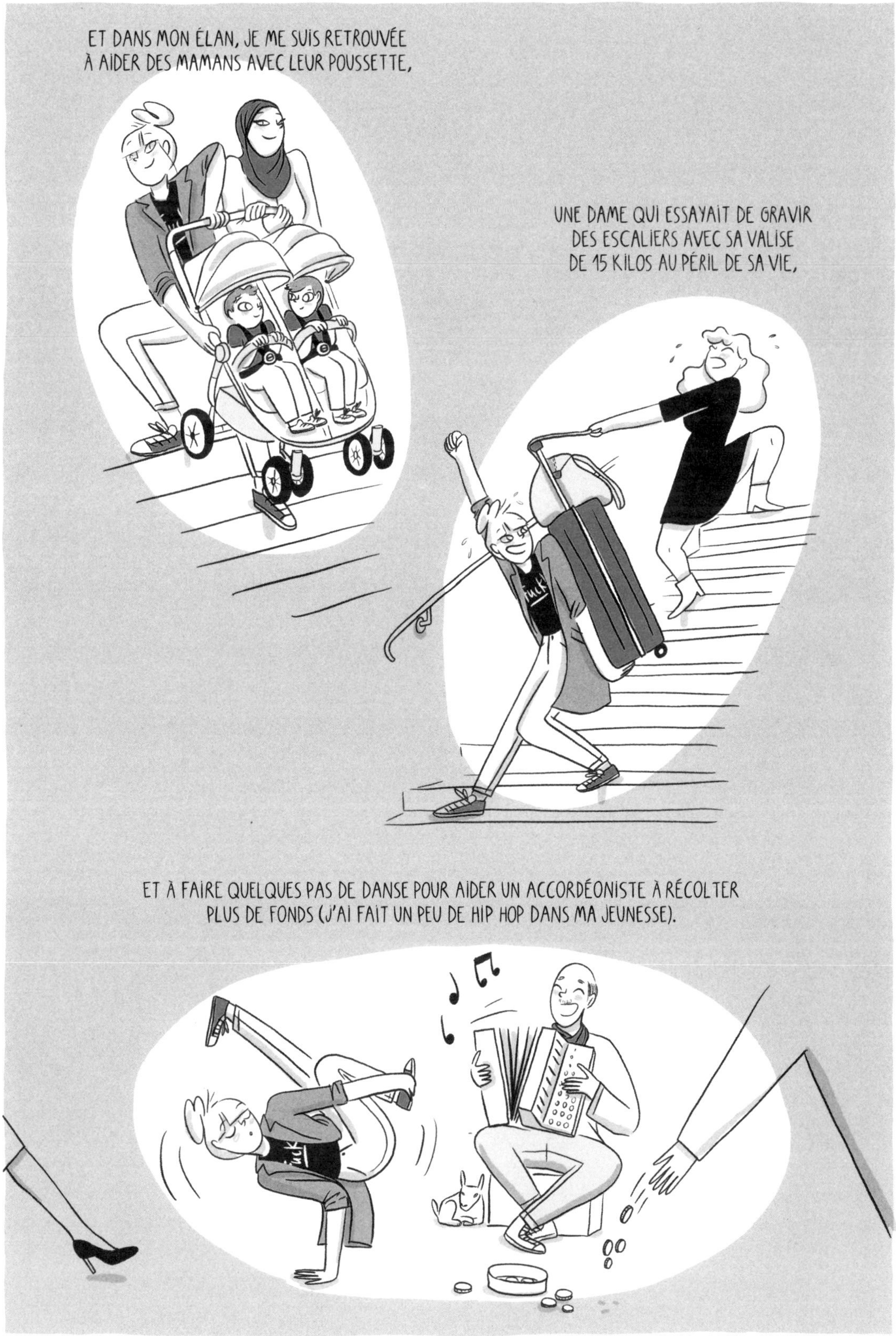
ET DANS MON ÉLAN, JE ME SUIS RETROUVÉE À AIDER DES MAMANS AVEC LEUR POUSSETTE,
UNE DAME QUI ESSAYAIT DE GRAVIR DES ESCALIERS AVEC SA VALISE DE 15 KILOS AU PÉRIL DE SA VIE,
ET À FAIRE QUELQUES PAS DE DANSE POUR AIDER UN ACCORDÉONISTE À RÉCOLTER PLUS DE FONDS (J'AI FAIT UN PEU DE HIP HOP DANS MA JEUNESSE).

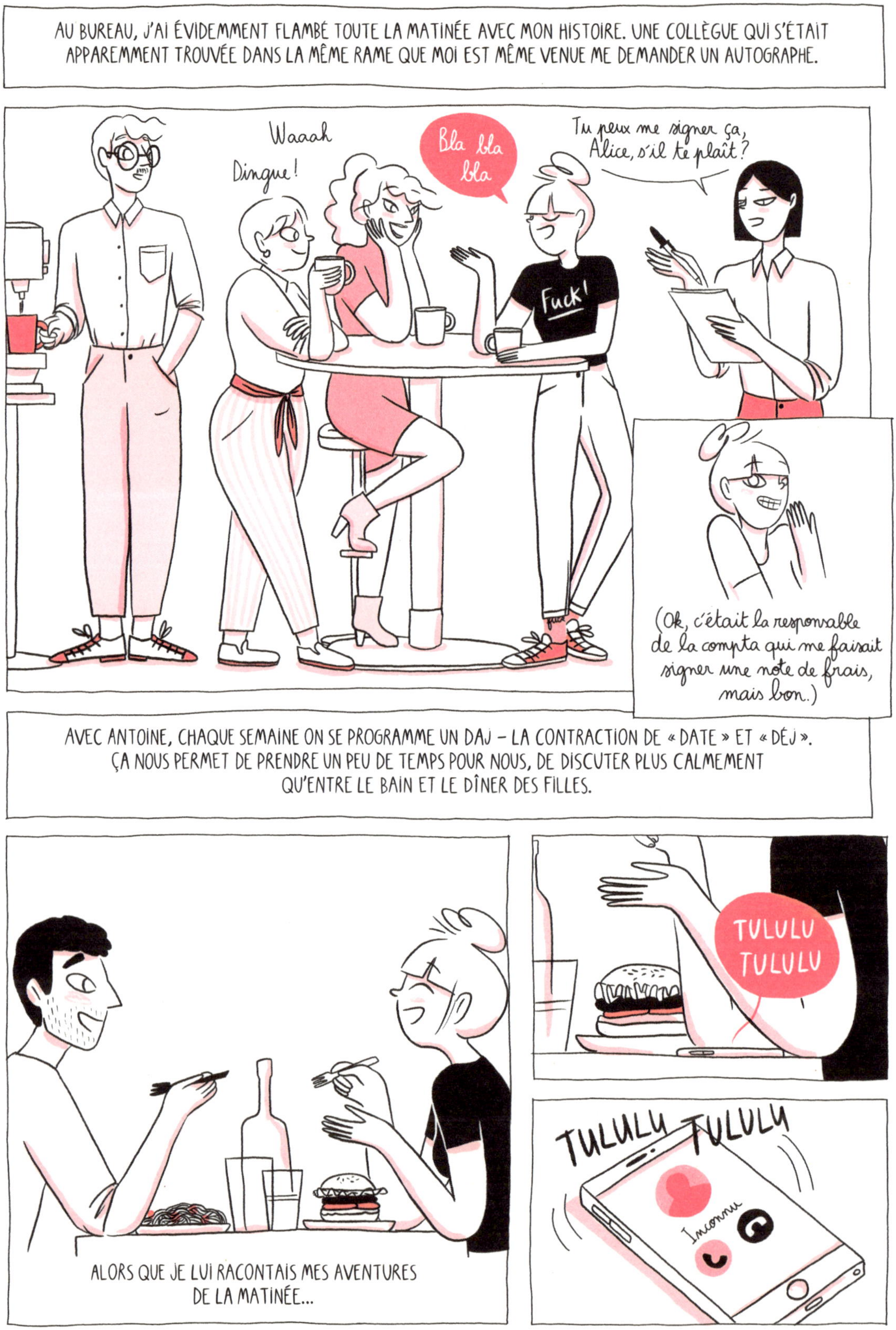
AU BUREAU, J'AI ÉVIDEMMENT FLAMBÉ TOUTE LA MATINÉE AVEC MON HISTOIRE. UNE COLLÈGUE QUI S'ÉTAIT APPAREMMENT TROUVÉE DANS LA MÊME RAME QUE MOI EST MÊME VENUE ME DEMANDER UN AUTOGRAPHE.
Waaah
Dingue !
Bla bla bla
Tu peux me signer ça, Alice, s'il te plaît ?
Fuck!
(Ok, c'était la responsable de la compta qui me faisait signer une note de frais, mais bon.)
AVEC ANTOINE, CHAQUE SEMAINE ON SE PROGRAMME UN DAJ – LA CONTRACTION DE « DATE » ET « DÉJ ». ÇA NOUS PERMET DE PRENDRE UN PEU DE TEMPS POUR NOUS, DE DISCUTER PLUS CALMEMENT QU'ENTRE LE BAIN ET LE DÎNER DES FILLES.
ALORS QUE JE LUI RACONTAIS MES AVENTURES DE LA MATINÉE...
TULULU TULULU
TULULU TULULU
Inconnu

Vous connaissez désormais ma tendance à l'anticipation de soucis...
MAIS LÀ, VENU DE NULLE PART, UN GENRE DE CALME M'A ENVAHIE.
TULULU TULULU
et donc...
Bah, tu réponds pas?
TULULU TULULU
On discute, c'est la priorité.
Arrête, je te connais, t'es en train de te faire 1000 films dans ta tête.
TULULU TULULU
Mais nan, si Clémence s'est encore mis une bille dans le nez, on t'appellera aussi, donc voilà!
T'as jamais été aussi sexy.
ÉVIDEMMENT, QUAND IL EST ALLÉ AUX TOILETTES, J'AI ÉCOUTÉ LES PREMIÈRES SECONDES DU MESSAGE AU CAS OÙ IL S'AGIRAIT D'UNE URGENCE VITALE...
Nouveau message: Votre rendez-vous chez le dentiste est décalé.

EN FIN DE JOURNÉE, AU BUREAU, AU MOMENT OÙ J'ÉTEIGNAIS MON ORDI POUR FILER CHERCHER LES FILLES, UN COLLÈGUE M'A ALPAGUÉE. COUP CLASSIQUE !
Il est cool, ton T-shirt, Alice !
Fuck!
JEAN N'ÉTAIT PAS DU GENRE « REINE DU SHOPPING », J'AI AUSSITÔT SUSPECTÉ QUE CE COMPLIMENT VESTIMENTAIRE CACHAIT AUTRE CHOSE...
Dis-moi, j'ai une grosse grosse urgence, je peux te demander ton avis sur ce doss' ?
URGENT
Fuck!
UN PEU À LA RAIN MAN, ÇA SE JOUE VITE DANS MA TÊTE, JE FAIS UN CALCUL : SI JE LUI DIS OUI, CLAIREMENT, JE SERAI EN RETARD POUR LES FILLES.
Si : OUI alors :
TIC
TAC
Fuck!
Fuck!

SORTIE DE JE NE SAIS OÙ, UNE PHRASE DE PAULO COELHO A ALORS RÉSONNÉ À MES OREILLES : « LORSQUE VOUS DITES OUI AUX AUTRES, FAITES EN SORTE DE NE PAS DIRE NON À VOUS-MÊME. » CE MEC A TOUT COMPRIS À LA VIE #TEAMPAULO
J'AI ALORS DÉCIDÉ DE NE PAS DIRE « NON » À MOI-MÊME, EN DISANT « OUI » À JEAN. J'AI DONC DIT « NON »... À JEAN.
NON
OUI
MOI
JEAN
NON
OUI
Vous me suivez ?
CALMEMENT ET SANS REGARDER MES PIEDS (CE DONT JE SUIS LA REINE QUAND JE N'ASSUME PAS DE DÉCEVOIR QUELQU'UN), J'AI DIT « NON » À JEAN.
Non, là, je ne peux pas, désolée. Tu devrais te rencarder sur la matrice Eisenhower. Ça te permet de prioriser tes missions par ordre d'urgence et d'importance. C'est génial et ça t'évite ce genre de charrette.
Fuck!
Ah ? Euh... Ok !
URGENT
UN PEU DÉCONTENANCÉ, JEAN S'EST MIS À BALBUTIER. JE CROIS QUE C'ÉTAIT LA PREMIÈRE FOIS QU'IL M'ENTENDAIT DIRE « NON » À L'UNE DE SES REQUÊTES. J'AVAIS PEUT-ÊTRE GAGNÉ LE RESPECT DE MON COLLÈGUE ET, CHOSE RARISSIME, SANS RESSENTIR LA MOINDRE CULPABILITÉ !

QUAND JE SUIS ARRIVÉE À L'ÉCOLE, J'AI EU DROIT À UN DÉBRIEF TRÈS COMPLET DE LA JOURNÉE DES FILLES...
Clémence est tombée, Laure a vomi, probablement une gastro. Elles n'ont pas fait de sieste et ont réveillé toute la classe. Ah, et il y a une nouvelle arrivée de poux, à surveiller...
ÉTRANGEMENT, CES NOUVELLES ONT GLISSÉ SUR MOI COMME UNE TRANCHE DE RACLETTE SUR UNE PATATE CHAUDE. J'AI FAIT PREUVE D'UN OPTIMISME PEU HABITUEL.
Donc elles ont passé une bonne journée ?

À LA MAISON, J'AI ENCHAÎNÉ SUR CE MOMENT DE GRÂCE QUE CONNAISSENT TOUS LES PARENTS :
Fuck!
Fuck!
Fuck!
Fuck!
LE TUNNEL BAIN-DÎNER-COUCHER, BONUS ÉPOUILLAGE DES CHEVEUX DES FILLES !

POUR ME FÉLICITER
DE N'AVOIR (PRESQUE)
HURLÉ SUR PERSONNE,
JE ME SUIS ENFIN OCTROYÉ
UNE PAUSE MÉRITÉE !
Fuck!
clic!
Fuck!

EN ME DÉSHABILLANT, JE ME SUIS REFAIT LE FILM DE MA JOURNÉE...
AAAHH...
C'est fou comme aujourd'hui je suis parvenue à prendre du recul.
FUCK!
FUCK!

Mais nan, Alice, reprends-toi!
Le T-shirt ??
Est-ce que ce serait grâce au T-shirt ?
Mais quoi, il aurait des genres de pouvoirs magiques ??? Comme le sceptre de Sailor Moon ?
JE DÉCIDE DE MESURER L'ÉTENDUE DE SES POUVOIRS...
Ri-di-cu-le! Tu es ridicule, ma pauvre fille.

MARDI #JOUR 2
fuck

MÊME SI MON EXPÉRIENCE DE LA VEILLE N'AVAIT PAS PROUVÉ UN QUELCONQUE POUVOIR LIÉ À MA NOUVELLE TENUE, J'AI EU ENVIE DE LUI REDONNER SA CHANCE.
FUCK!
fuck
sniff
sniff
J'AI TOUT DE MÊME GLISSÉ MON T-SHIRT SOUS UN CHEMISIER POUR NE PAS ÊTRE ACCUSÉE DE MANQUE D'HYGIÈNE...
FUCK!

ET LÀ, J'AI REÇU UN TEXTO D'ANTOINE QUI AVAIT DÉPOSÉ LES FILLES À L'ÉCOLE ET VENAIT D'ARRIVER AU BUREAU :
BIP
Antoine >
Fais gaffe cette p*****de ligne 13 est encore bloquée!
Ah ok, merci mon chat. J'ai pas le droit à un smiley bisous coeur ? T'es fâché ?
Nan Alice, je suis juste en réu avec 15 personnes...
Ah bah, excuse-moi de t'emmerder alors ! À plus !!
Antoine
juste en réu avec avec 15 personnes...
Ah bah, excuse-moi de t'emmerder alors ! À plus !!
Ahhh, moi aussi je t'aime. Bisous

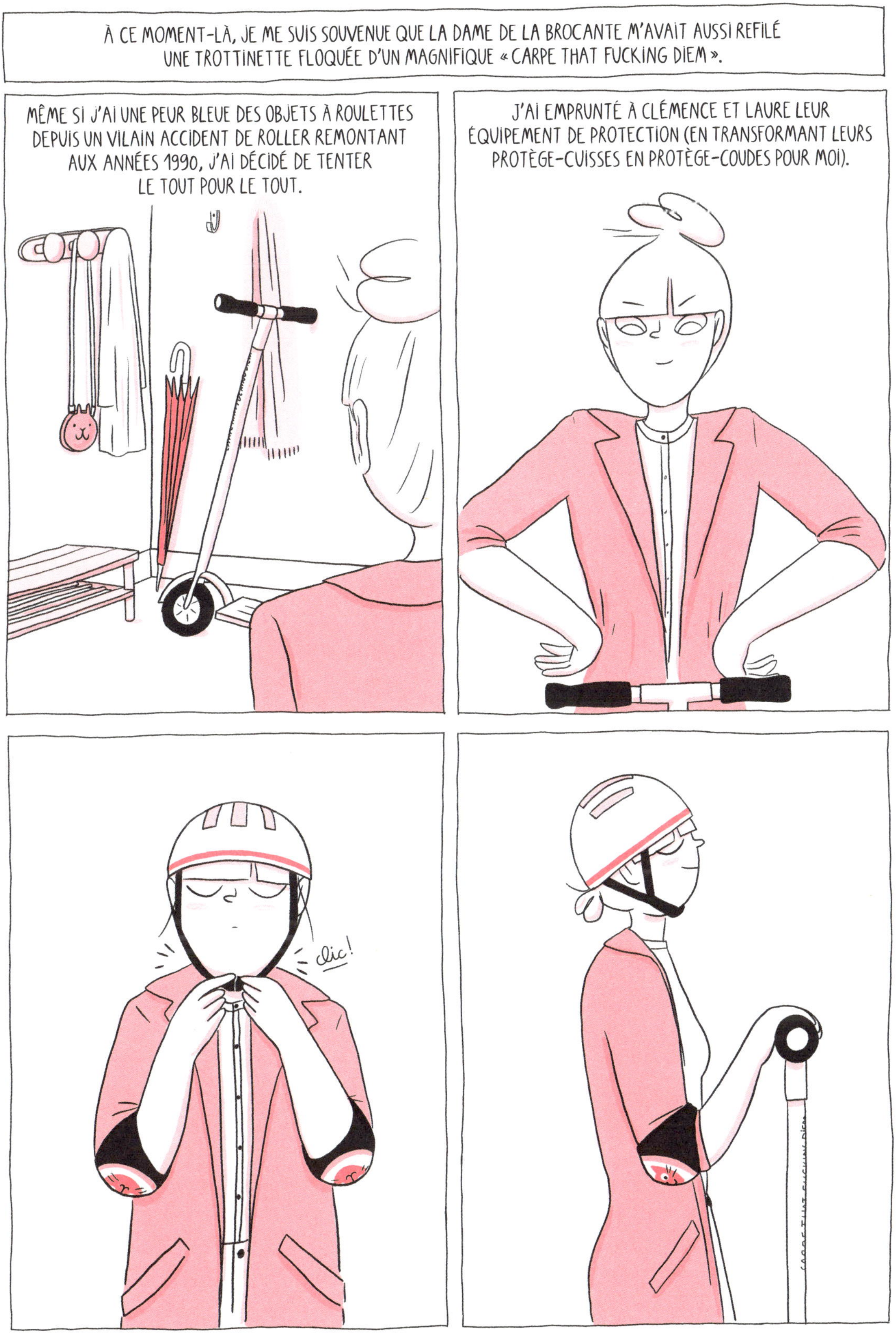
À CE MOMENT-LÀ, JE ME SUIS SOUVENUE QUE LA DAME DE LA BROCANTE M'AVAIT AUSSI REFILÉ UNE TROTTINETTE FLOQUÉE D'UN MAGNIFIQUE « CARPE THAT FUCKING DIEM ».
MÊME SI J'AI UNE PEUR BLEUE DES OBJETS À ROULETTES DEPUIS UN VILAIN ACCIDENT DE ROLLER REMONTANT AUX ANNÉES 1990, J'AI DÉCIDÉ DE TENTER LE TOUT POUR LE TOUT.
J'AI EMPRUNTÉ À CLÉMENCE ET LAURE LEUR ÉQUIPEMENT DE PROTECTION (EN TRANSFORMANT LEURS PROTÈGE-CUISSES EN PROTÈGE-COUDES POUR MOI).
clic !

J'AVAIS SOUDAINEMENT L'IMPRESSION D'ÊTRE KATNISS DE « HUNGER GAMES » QUI ESSUIE DES AGRESSIONS PHYSIQUES ET VERBALES À CHAQUE COIN DE RUE :

MALGRÉ CELA, J'AI FAIT PREUVE D'UN CALME IMPLACABLE ! ET LÀ, UN JOLI CIEL BLEU ROSÉ S'EST OFFERT À MOI, QUE J'AI AUSSITÔT IMMORTALISÉ SUR INSTAGRAM.
APRÈS CE MOMENT DE POÉSIE, CHANGEMENT DE MOOD AU BUREAU OÙ J'AI ÉTÉ TÉMOIN D'UNE SCÈNE GLACIALE. UNE STAGIAIRE QUI RÉCUPÉRAIT SON STYLO SOUS LE BUREAU S'EST PRIS UNE BLAGUE GRAVELEUSE D'UN DES BOSS QUI PASSAIT PAR LÀ :
Encore une qui aime passer sous le bureau ?!
PRISE D'UN ÉLAN DE SOLIDARITÉ, J'AI OUVERT GRAND MA GUEULE (D'HABITUDE, JE FAIS SEMBLANT DE NE PAS AVOIR ENTENDU EN ME RATATINANT SOUS MON CASQUE)...
Non mais, ça ne va pas, Marc, de faire des remarques sexistes à un membre de ton équipe ! Le harcèlement sexuel, ça te parle ? Tu aurais dit ça à notre stagiaire Léo ? Nan, on est d'accord !

TRÈS GÊNÉ, IL S'EST EXCUSÉ ET EST PARTI SE PLANQUER DANS SON BUREAU.
Allez, bonne journée...
MA STAGIAIRE M'A ALORS FAIT UN GROS CHECK !
POW POW POW, t'es une killeuse, Alice, tu l'as bien recadré !
SANS ME DEMANDER MON AVIS, ELLE A LANCÉ UN INSTA LIVE ET A RACONTÉ LA SCÈNE À SES 85 000 ABONNÉS, EN INTERVIEWANT SON HÉROÏNE DU JOUR, À SAVOIR : MOI.
Stagiaire
LIVE
Waouh !
Go girl !
QUELQUES HEURES PLUS TARD, J'AVAIS GAGNÉ 3 000 ABONNÉS ET ON M'ENVOYAIT DES MESSAGES DE FÉLICITATIONS À TOUT-VA !
+3000
132
WORKIN' GIRL !

POUR RETOMBER EN PRESSION, À LA PAUSE DÉJEUNER, J'AI DÉCIDÉ DE M'OCTROYER UN PETIT TEMPS POUR MOI ET D'ALLER CHEZ LE COIFFEUR.
COIFFURE
COIFFEUR
DEPUIS QUE JE SAIS QU'UN POTENTIEL CONFINEMENT PEUT ARRIVER DU JOUR AU LENDEMAIN, JE METS UN POINT D'HONNEUR À ÊTRE TOUJOURS AU TOP CAPILLAIREMENT PARLANT POUR NE PAS RÉITÉRER L'ERREUR DU CONFINEMENT NUMÉRO 1.
COMME À MON HABITUDE, J'Y SUIS ALLÉE AVEC UN BOOK POUR MONTRER CE QUE JE VOULAIS :
Tu vois, Jean-Claude, cette fois je voudrais vraiment un mix de la coupe de Kristen Bell et de Virginie Efira dans Victoria.
Ah oui, carrément, on ose tout aujourd'hui ! Le grand écart capillaire.
Oui, écoute, ne me demande pas pourquoi mais je lâche complètement prise en ce moment !
Pas trop court quand même, hein !
Wouahhh, c'est complètement fou ce que ça change ! J'ai l'air plus assurée, plus assumée. Merci, Jean-Claude !
Oh de rien, tu sais, je n'ai presque rien fait...

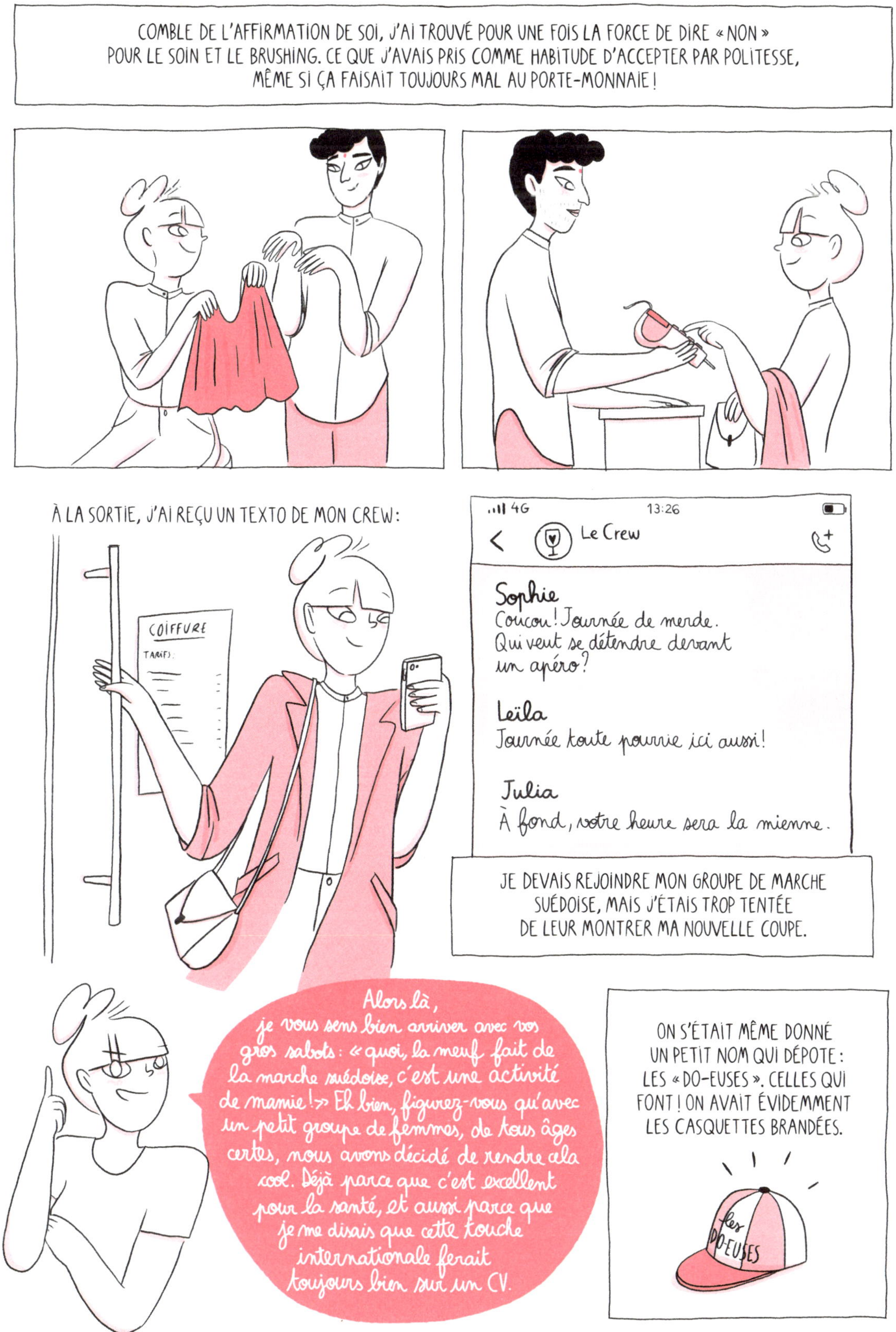
COMBLE DE L'AFFIRMATION DE SOI, J'AI TROUVÉ POUR UNE FOIS LA FORCE DE DIRE « NON » POUR LE SOIN ET LE BRUSHING. CE QUE J'AVAIS PRIS COMME HABITUDE D'ACCEPTER PAR POLITESSE, MÊME SI ÇA FAISAIT TOUJOURS MAL AU PORTE-MONNAIE !
À LA SORTIE, J'AI REÇU UN TEXTO DE MON CREW :
COIFFURE
TARIFS :
4G 13:26
Le Crew
Sophie
Coucou ! Journée de merde. Qui veut se détendre devant un apéro ?
Leïla
Journée toute pourrie ici aussi !
Julia
À fond, votre heure sera la mienne.
JE DEVAIS REJOINDRE MON GROUPE DE MARCHE SUÉDOISE, MAIS J'ÉTAIS TROP TENTÉE DE LEUR MONTRER MA NOUVELLE COUPE.
Alors là, je vous sens bien arriver avec vos gros sabots : « quoi, la meuf fait de la marche suédoise, c'est une activité de mamie ! » Eh bien, figurez-vous qu'avec un petit groupe de femmes, de tous âges certes, nous avons décidé de rendre cela cool. Déjà parce que c'est excellent pour la santé, et aussi parce que je me disais que cette touche internationale ferait toujours bien sur un CV.
ON S'ÉTAIT MÊME DONNÉ UN PETIT NOM QUI DÉPOTE : LES « DO-EUSES ». CELLES QUI FONT ! ON AVAIT ÉVIDEMMENT LES CASQUETTES BRANDÉES.
Les DO-EUSES

Allez deal ! Je vais sécher ma marche suédoise. D'autant que j'ai une grosse surprise pour vous.
Alors, les filles, vous aimez ?
Ah oui, la tapenade est dé-li-ci-euse !
Mais nan, je parle de ma nouvelle coupe.
HAHAH AHAH AHAH HAHAHA HA

Ah oui, t'as coupé un peu la frange, quoi!
Vous rigolez, ça n'a rien à voir avec ma coupe habituelle!
T'es mignonne, Alice, un tout petit changement et tu donnes des proportions monstres!
Ah oui, ben fuck! Et toi, Sophie, tu crois que t'es pas «mignonne» avec ta susceptibilité excessive? Si vous croyez que je suis la seule à être chiante? On a toutes nos sujets! Leïla, j'en peux plus de tes huiles essentielles que tu dégaines à tout-va. On a toujours l'impression d'être dans une pharmacie! Et tu crois sérieusement que pour notre dernier week-end on avait envie d'aller à Nantes... à vélo?! Julia, y a pas que la carrière dans la vie, tu sais! Tu ne peux pas déconnecter, parfois?

SPLOCH!
Voilà, je me casse ! Merci pour ce moment ! Et pour votre info, j'ai aussi changé ma raie de côté. AH !!! Ça vous la coupe, hein ?
BIEN ÉNERVÉE, JE ME SUIS DIT QUE PLUTÔT QUE DE RUMINER À LA MAISON, J'AVAIS ENCORE LE TEMPS DE REJOINDRE MON GROUPE DE MARCHE PUISQUE J'AVAIS MA FUCKING TROTTINETTE.
JE SUIS ALORS PARTIE RETROUVER MES DO-EUSES AU PAS DE COURSE, SANS MAUVAIS JEU DE MOTS.
Vite vite, Ålice, tu es böurrée !
RUT ÉTAIT SUÉDOISE ET MAÎTRISAIT MAL NOTRE LANGUE. CE QU'ELLE VOULAIT DIRE, C'ÉTAIT « À LA BOURRE » MAIS JE N'AI PAS OSÉ LA REPRENDRE. D'AUTANT QUE JE L'ÉTAIS UN PEU AUSSI, BOURRÉE.

Ça va, Zoé, la pêche ?
Oui oui, et toi ?
Oui moi aussi. La grosse patate !
À CET INSTANT, JE ME SUIS DEMANDÉ POURQUOI J'AVAIS DIT ÇA PUISQUE, DANS LE FOND, ÇA N'ALLAIT PAS DU TOUT, JE VENAIS DE ME DISPUTER AVEC MES COPINES ! ET D'AILLEURS, MON INTUITION ME MURMURAIT QUE LE « OUI OUI » DE ZOÉ SONNAIT FAUX. JE SENTAIS BIEN QUE NOTRE PÉTILLANTE ZOÉ, LA JUNIOR DE L'ÉQUIPE, N'ÉTAIT PAS NON PLUS DANS SON ASSIETTE.
Stop, les do-euses !
Qu'est-ce qu'il y a, Ålice ? Tön läcet est défåit ? Tön bâtön est empêtré ?
Non non, juste une idée, une envie. Si on ouvrait un peu nos coeurs ? Si on laissait tomber les masques et qu'on se disait honnêtement quand ça va et quand ça ne va pas ? Un petit rituel pour nous mettre en jambes avant la marche.
Très bönne idée, Älice, çå nöus permettrå de nous äligner åvec nös émotions.

J'AI OUVERT « LA MARCHE ».
Je viens de m'engueuler avec mes copines, j'en ai gros sur la patate. Je crois que je suis allée trop loin.
Bah, moi, j'ai craqué ma culotte tout à l'heure... Je me sens tellement grosse et moche...
POUR RASSURER ZOÉ, J'AI PROPOSÉ UN #BALANCETONBOURRELET, EN LUI MONTRANT MON VENTRE DISTENDU MAIS QUI ÉTAIT MA FIERTÉ PUISQUE LE RÉSULTAT DE MA GROSSESSE GÉMELLAIRE. TRÈS VITE, LE MOUVEMENT A SUIVI, CHACUNE Y EST ALLÉE DE SON PETIT OU GROS COMPLEXE !
DANS UN AUTRE REGISTRE, MYRIAM A ENCHAÎNÉ...
J'en ai marre qu'on me demande quand je vais faire un enfant sous prétexte que je viens de me marier, comme si c'était le passage obligé.
PETIT À PETIT, CHACUNE S'EST EXPRIMÉE, ET ON A CRÉÉ UNE BELLE DYNAMIQUE DE GROUPE. C'ÉTAIT LIBÉRATEUR. ON S'ENCOURAGEAIT À COUPS DE « OUIII VAS-Y », « TU AS RAISON ».
J'en ai marre de ma belle-fille, c'est une conne.
UNE SOMBRE CONNE !!!
Mais oui, Suzanne, ta belle-fille est une conne !

* « J'EN AI MARRE QUE, SOUS PRÉTEXTE QUE JE SUIS SUÉDOISE, ON ME DEMANDE TOUJOURS LE DERNIER CATALOGUE IKÉA. »

JE SUIS RENTRÉE À LA MAISON, JE ME SENTAIS BIEN MIEUX, MÊME SI J'ÉTAIS ENCORE UN PEU TRISTE DE CETTE DISPUTE AVEC LES FILLES. J'AVAIS PEUT-ÊTRE MANQUÉ UN POIL DE FINESSE #NOFILTER
Je crois qu'on est allés trop loin, toi et moi. Enfin surtout toi. Mais bon. La fuck-it thérapie, ce n'est pas tout envoyer bouler, tu sais. Mais seulement apprendre à dire «fuck» à ce qui ne tourne pas rond ! Va falloir rattraper le coup. Et racheter un téléphone à Julia.
EXTÉNUÉE, J'AI REJOINT ANTOINE SOUS LA COUETTE :
Au fait... j'adore ta nouvelle coupe ! On dirait Virginie Efira, dans Rendez-vous en Terre inconnue en Mongolie.

J'AI BIEN SENTI QUE CE RAFRAÎCHISSEMENT CAPILLAIRE NE L'AVAIT PAS LAISSÉ DE MARBRE. MAIS VOILÀ, ON EST PLONGÉS DEVANT UN SUPER DOCUMENTAIRE SUR LES ORQUES, C'EST LE DÉBUT DE LA SEMAINE...

POUR FINIR DE LE SÉDUIRE, J'AI EMPRUNTÉ L'ACCENT BELGE DE VIRGINIE ET USÉ D'UNE EXPRESSION BIEN DE CHEZ EUX :

MERCREDI #JOUR 3
MOOD BOARD
NOUS, LES FEMMES, NOUS DEVONS NOUS ÉPANOUIR PERSONNELLEMENT. NOUS DEVONS NOUS REALISER ET SUIVRE NOS RÊVES! NOUS DEVONS DIRE: JE VEUX LE FAIRE ET JE SUIS AUTORISÉE À LE FAIRE.
MICHELLE
Fuck you! Fuck you very very mu-uu-uu uu-ch... Fuck you!

NEVER APOLOGIZE FOR BEING A POWERFULL WO
NEVER APOLOGIZE FOR BEING A POWERF WOMA
FUCK!
Oui oui, je sais ce que vous vous dites, ça fait trois jours qu'elle met son T-shirt et ses chaussettes, elle a aussi lâché prise sur l'hygiène?
Mais honnêtement ça passait crème! Vous avez déjà vu Wonder Woman changer de culotte?
JE M'EN FOUS C'EST PAS GRAVE
CHE M'EN FOUS CH'EST PAS GRAVE
JE M'EN FOUS C'EST PAS GRAVE!
FUCK
FUCK!
FUCK

Maman elle dit un gros mot !
Fuck !
Je voulais dire « fiche » ma chérie : je m'en fiche, c'est pas grave.
Pourquoi tu répètes ça, maman ?
Fuck
Ça me fait du bien, ça me donne confiance ! Bon, terminez vos fruits ou on va être en retard à l'école.
On s'en fout, c'est pas grave ! On s'en fout, c'est pas grave !
Fuck !
JUSTE À L'HEURE POUR DÉPOSER LES FILLES, JE ME RENDS COMPTE QUE J'AI GARDÉ MES CROCS DE LA MAISON, CE QUI ME CONFÈRE UN SACRÉ LOOK ROCK'N'ROLL À LA KATE MOCHE AVEC LES CHAUSSETTES « FUCK » REMONTÉES ! ÉVIDEMMENT, LES FILLES M'AVAIENT IMITÉE. ELLES AVAIENT MÊME DÉCOUPÉ UN BOUT DE LEUR COLLANT POUR UN EFFET GRUNGE.
fuck !
fuck !

Ne laissez jamais quelqu'un vous dire comment vous devez vous habiller, ou, pire encore, comment vous devez agir. Enfin, sauf vos parents naturellement ! Soyez toujours fières d'afficher qui vous êtes !
Fuck!
LÀ OÙ NOS STYLES INCONGRUS AURAIENT DÛ ME FAIRE LONGER LES MURS, AU CONTRAIRE, JE M'AMUSAIS BEAUCOUP DE LA SITUATION ET ME PRENAIS EN SELFIE DEVANT LES GRILLES DE L'ÉCOLE.
Fuck!
HEUREUSEMENT QUE J'ÉTAIS EN FORME CAR OLIVIA, LA PERFECT MUM DE L'ÉCOLE, ÉTAIT À L'APPROCHE ET DÉJÀ EN TRAIN DE FAIRE SON SHOW (ELLE REMETTAIT UN COUP DE PEIGNE À SA FILLE, TOUT EN HURLANT BIEN FORT QU'ELLE SERAIT LÀ À 16 HEURES PÉTANTES POUR FAIRE CULPABILISER LES AUTRES MAMANS).
Le portrait craché de la « maman calme » de Florence Foresti : « celle qui ne crie pas et qui ne court pas devant l'école ». Vous voyez de qui je parle ? On a tous une Olivia dans notre vie.
BREF, ELLE A FONCÉ SUR MOI, JE NE POUVAIS PLUS RECULER !
Alice, si tu as des problèmes à la maison, n'hésite pas à venir m'en parler, je peux t'aider. J'ai même vu que tes filles avaient déchiré leurs collants.
Chère Olivia, chez nous, on invite les filles à créer leur identité, à affirmer qui elles sont et non pas à faire leurs moutons. Sinon on se ferait bien chier dans la vie. Tu devrais essayer. La perfection, c'est tellement has been, ma chérie.
Fuck!

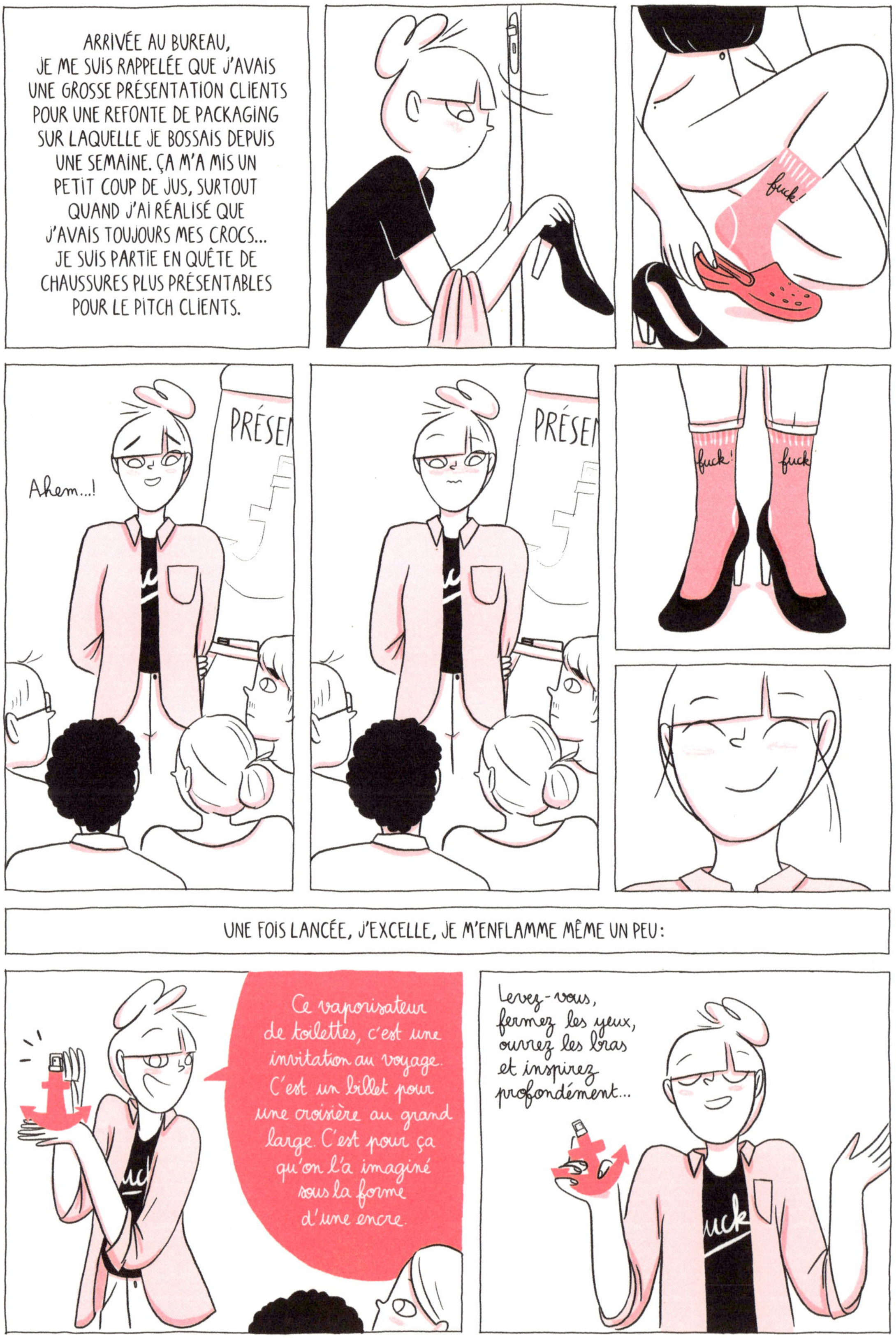
ARRIVÉE AU BUREAU, JE ME SUIS RAPPELÉE QUE J'AVAIS UNE GROSSE PRÉSENTATION CLIENTS POUR UNE REFONTE DE PACKAGING SUR LAQUELLE JE BOSSAIS DEPUIS UNE SEMAINE. ÇA M'A MIS UN PETIT COUP DE JUS, SURTOUT QUAND J'AI RÉALISÉ QUE J'AVAIS TOUJOURS MES CROCS... JE SUIS PARTIE EN QUÊTE DE CHAUSSURES PLUS PRÉSENTABLES POUR LE PITCH CLIENTS.
fuck!
PRÉSEN
Ahem...!
PRÉSEN
fuck!
fuck
UNE FOIS LANCÉE, J'EXCELLE, JE M'ENFLAMME MÊME UN PEU :
Ce vaporisateur de toilettes, c'est une invitation au voyage. C'est un billet pour une croisière au grand large. C'est pour ça qu'on l'a imaginé sous la forme d'une encre.
Levez-vous, fermez les yeux, ouvrez les bras et inspirez profondément...

Vous sentez les embruns ?
Maintenant criez avec moi : «Je suis le maître du mooonnndeeee !» Vous êtes Léonardo Di Caprio !
Fuck!
fuck

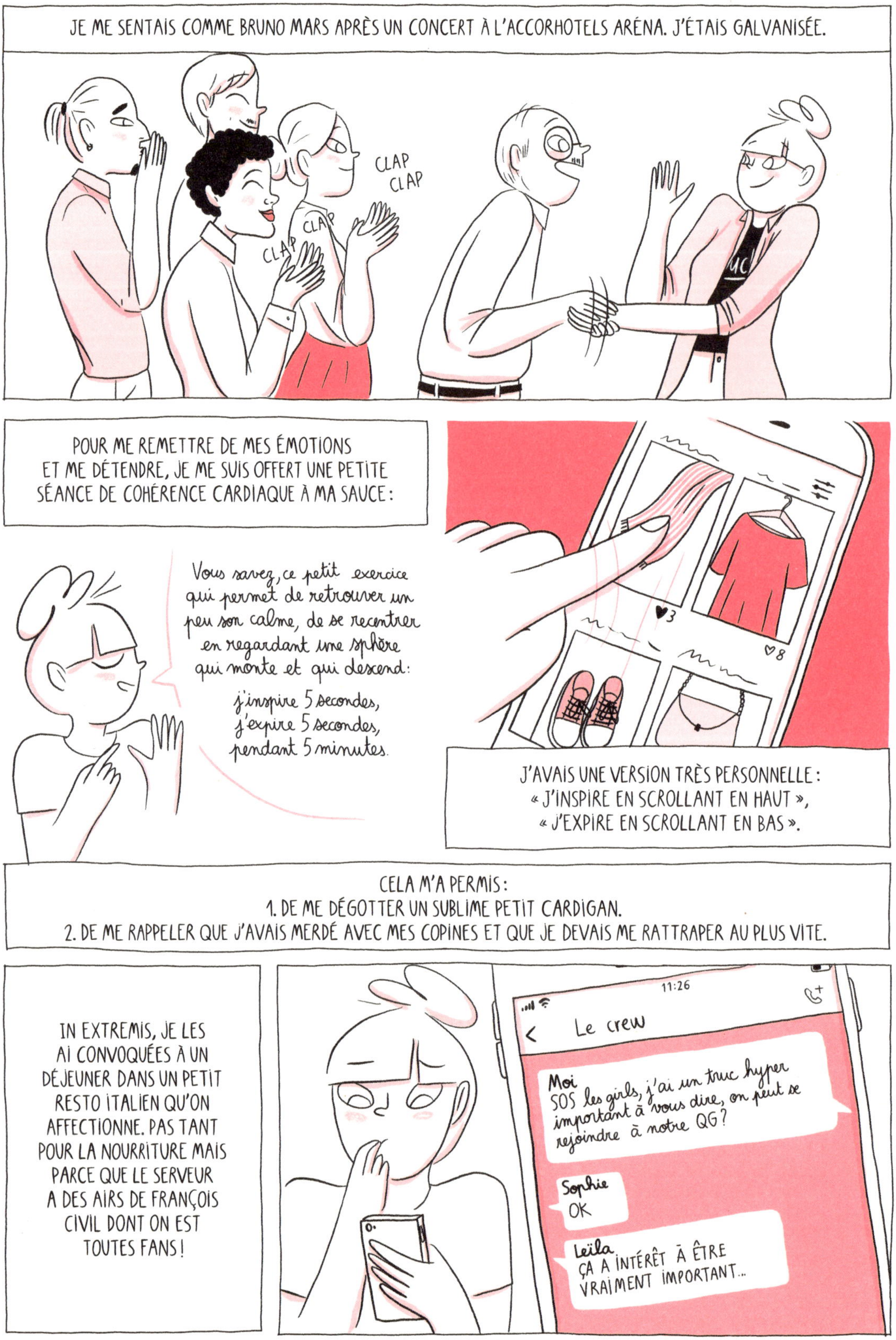
JE ME SENTAIS COMME BRUNO MARS APRÈS UN CONCERT À L'ACCORHOTELS ARÉNA. J'ÉTAIS GALVANISÉE.
CLAP CLAP
CLAP
CLAP
POUR ME REMETTRE DE MES ÉMOTIONS ET ME DÉTENDRE, JE ME SUIS OFFERT UNE PETITE SÉANCE DE COHÉRENCE CARDIAQUE À MA SAUCE :
Vous savez, ce petit exercice qui permet de retrouver un peu son calme, de se recentrer en regardant une sphère qui monte et qui descend : j'inspire 5 secondes, j'expire 5 secondes, pendant 5 minutes.
3
8
J'AVAIS UNE VERSION TRÈS PERSONNELLE : « J'INSPIRE EN SCROLLANT EN HAUT », « J'EXPIRE EN SCROLLANT EN BAS ».
CELA M'A PERMIS :
1. DE ME DÉGOTTER UN SUBLIME PETIT CARDIGAN.
2. DE ME RAPPELER QUE J'AVAIS MERDÉ AVEC MES COPINES ET QUE JE DEVAIS ME RATTRAPER AU PLUS VITE.
IN EXTREMIS, JE LES AI CONVOQUÉES À UN DÉJEUNER DANS UN PETIT RESTO ITALIEN QU'ON AFFECTIONNE. PAS TANT POUR LA NOURRITURE MAIS PARCE QUE LE SERVEUR A DES AIRS DE FRANÇOIS CIVIL DONT ON EST TOUTES FANS !
11:26
Le crew
Moi SOS les girls, j'ai un truc hyper important à vous dire, on peut se rejoindre à notre QG ?
Sophie OK
Leïla ÇA A INTÉRÊT À ÊTRE VRAIMENT IMPORTANT...

UNE FOIS LE CREW AU RENDEZ-VOUS, J'AI JOUÉ SUR LA CORDE SENSIBLE ET REPRIS UNE CITATION DE CE CHEF-D'ŒUVRE CINÉMATOGRAPHIQUE QU'EST « COUP DE FOUDRE À NOTTING HILL ». J'AI EMPRUNTÉ À JULIA (ROBERTS) CETTE PHRASE POIGNANTE : « JE SUIS JUSTE UNE FILLE DEVANT UN GARÇON QUI LUI DEMANDE DE L'AIMER » ET J'AI LANCÉ AUX FILLES...
Je suis une fille devant d'autres filles qui leur demande de lui pardonner.
À LA HUGH GRANT, ELLES M'ONT LAISSÉ UN PEU PÉDALER. LES BRAS CROISÉS, VISAGES DE MARBRE. L'AFFAIRE N'ÉTAIT PAS GAGNÉE !
Oui, bon, j'ai merdé quoi ! Je n'aurais jamais dû vous parler comme ça !
Ah bah, ça on est toutes d'accord ! Faut qu'on te dise que t'es bien coiffée, là, ou tu vas t'énerver encore ?

Bon ça va, j'ai compris. Mais pour tout vous dire, je suis un peu déboussolée en ce moment. Vous allez vous foutre de moi, mais j'ai acheté un T-shirt et des chaussettes à une brocante et depuis je me sens... pas la même!
FUCK!
C'est-à-dire? Tu te sens boudinée dedans?
Nan, rien à voir. C'est une brocanteuse un peu perchée qui m'a convaincue d'acheter le lot, avec une trottinette, le tout est floqué « fuck!» Et elle m'a fait une allusion au fait de lâcher prise. Et depuis, c'est étrange, c'est comme si une autre Alice s'était emparée de mon corps.
Arrête, tu regardes trop de séries, là!
Mais si, c'est le pouvoir de l'intention. Elle a tout à fait raison, cette dame. De voir écrit le mot « fuck» te pousse à lâcher prise.
Oui, bah, c'est pas parce que je regarde un billet de 5 euros que je vais devenir millionnaire. Mais bon, je vais pas faire mon « hyper susceptible » encore...
Vous voulez la preuve?
FUCK!

TAP TAP
Fuck!
notes de piano
What do I got to do to make you love me? What do I got to do to make you care?
What do I do when lightning strikes me? And awake to find that you are not there Oh, it seems to me that...
...sorry seems to be the hardest word
Ah ouais, elle est complètement dans le lâcher-prise, là!
I'M ALIIIIIIIIVE!

DE RETOUR AU BUREAU, MES PIEDS NE TOUCHAIENT PLUS TERRE, J'AVAIS LE CŒUR DÉGOULINANT D'AMOUR. J'EN AI MÊME OUBLIÉ MES MENSTRUATIONS ET ME SUIS RENDU COMPTE QUE JE N'AVAIS PLUS DE MATOS.
Fuck!
Fuck!
?
Fuck!
Meeeeerde
Mesdames, quelqu'une a un tampon, une serviette... une cup ?!
LE FIN MOT DE L'HISTOIRE, C'EST QUE NOTRE STAGIAIRE DE 3E EST ARRIVÉ AVEC UNE CUP... OF COFFEE. ON A BIEN RIGOLÉ.
Ben quoi ?
PLUS TARD DANS LA JOURNÉE, QUAND JE SUIS ALLÉE CHERCHER LES FILLES À L'ÉCOLE, LA MAÎTRESSE M'A ALPAGUÉE :
Bonjour, est-ce qu'on peut se voir rapidement lundi matin, il faut que je vous parle de quelque chose, ce ne sera pas long mais c'est très important.
Euh, oui oui, pas de souci. On ne peut pas faire ça demain ?
C'est férié demain, et vendredi on fait le pont je vous rappelle. Lundi, ce sera très bien !

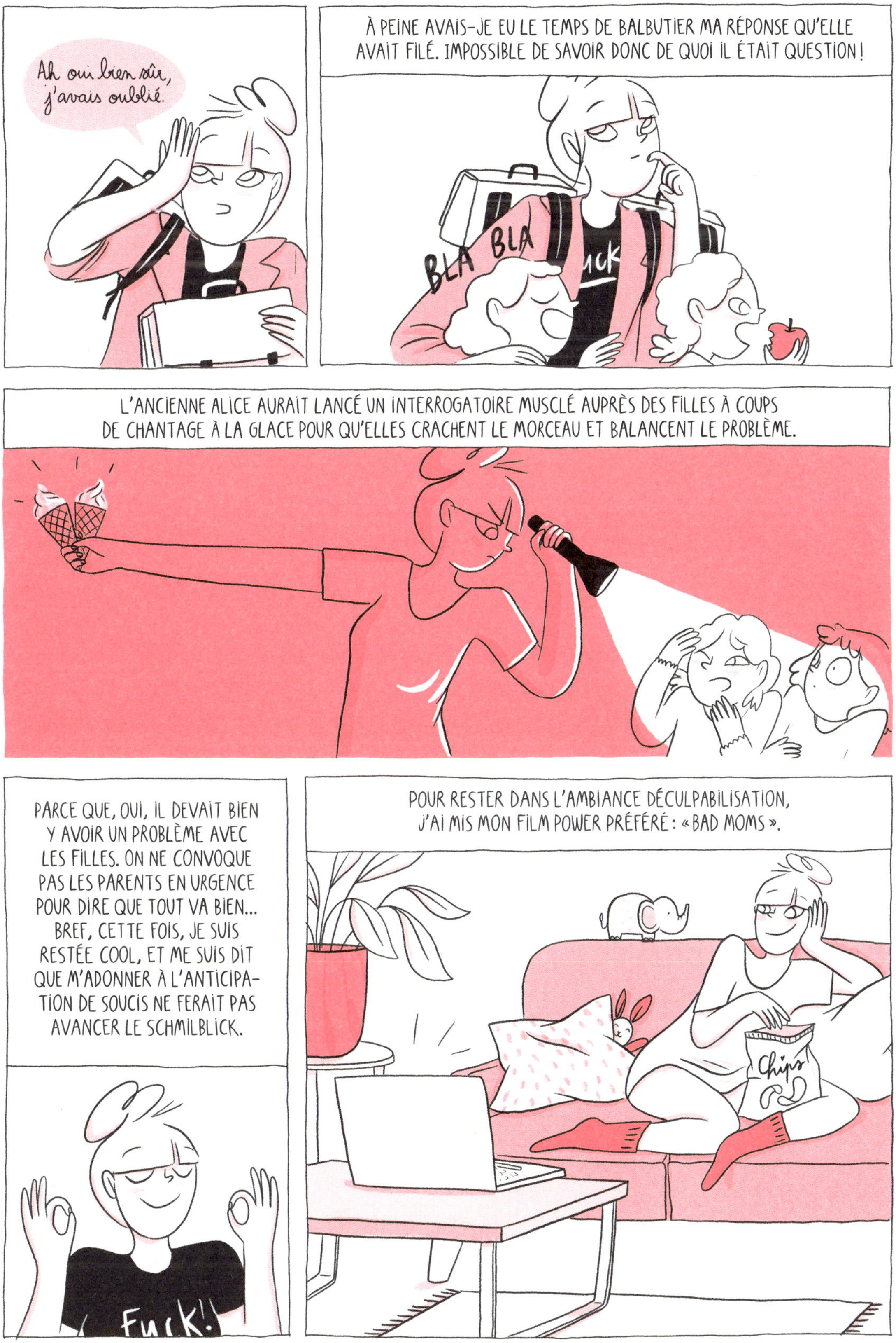

Ah oui bien sûr, j'avais oublié.
À PEINE AVAIS-JE EU LE TEMPS DE BALBUTIER MA RÉPONSE QU'ELLE AVAIT FILÉ. IMPOSSIBLE DE SAVOIR DONC DE QUOI IL ÉTAIT QUESTION !
BLA BLA
L'ANCIENNE ALICE AURAIT LANCÉ UN INTERROGATOIRE MUSCLÉ AUPRÈS DES FILLES À COUPS DE CHANTAGE À LA GLACE POUR QU'ELLES CRACHENT LE MORCEAU ET BALANCENT LE PROBLÈME.
PARCE QUE, OUI, IL DEVAIT BIEN Y AVOIR UN PROBLÈME AVEC LES FILLES. ON NE CONVOQUE PAS LES PARENTS EN URGENCE POUR DIRE QUE TOUT VA BIEN... BREF, CETTE FOIS, JE SUIS RESTÉE COOL, ET ME SUIS DIT QUE M'ADONNER À L'ANTICIPATION DE SOUCIS NE FERAIT PAS AVANCER LE SCHMILBLICK.
FUCK!
POUR RESTER DANS L'AMBIANCE DÉCULPABILISATION, J'AI MIS MON FILM POWER PRÉFÉRÉ : « BAD MOMS ».
Chips

JEUDI #JOUR 4
JE L'AIMAIS Anna Gavalda
YOGA Emmanuel Carrère
Celle qui a dit FUCK
FILLE Camille Laurens
But FIRST, coffee!
TCHOUPI ne veut pas dormir
L'ALCHIMISTE Paolo Coelho
MICHELLE OBAMA DEVENIR
CARPE the F*CKING diem!

ÉTAIT-CE À CAUSE DE MON FILM DÉJANTÉ DE LA VEILLE ? JE ME SUIS RÉVEILLÉE AVEC UNE ENVIE DE RÉBELLION ! IL ME FALLAIT CHANGER LE COURS DE MA JOURNÉE, LUI DONNER UNE TOUT AUTRE TOURNURE QUE CELLE PRÉVUE, HORS DES SENTIERS BATTUS... AUJOURD'HUI, JE ME METS EN GRÈVE ! SANS PRÉAVIS. BOUM !
Pourquoi tu es toujours au lit ? On va rater le marché, les filles sont déjà prêtes.
Tu ne sais pas lire ? Je suis en grève, Antoine.
EN GRÈVE !
CARPE that F*CKING diem !
La Charge Mentale
Ce qui veut dire ?
GRÈVE !
-ALLER ACHETER UN CADEAU POUR L'ANNIV DU COPAIN DES FILLES
-APPELER TA MÈRE
-TRIER LE LINGE
-RÉPONDRE AU QUESTIONNAIRE DES PARENTS D'ÉLÈVES
-BOOKER LA BABY-SITTER POUR CE SOIR
La Charge Mentale
Oui, alors je te signale que j'avais déjà prévu de faire la moitié de ta liste.
Tsssstt ! Ne commence pas à négocier, Antoine. File.
-ALLER ACHETER UN CADEAU POUR L'ANNIV DU COPAIN DES

Mais… bon ok ! Les filles, on va faire les courses !
SBAM !
GRÈVE !
F*CKING diem !
TO-DO
J'AI ALORS PASSÉ UN PACTE AVEC MOI-MÊME : ME DÉCONNECTER DES RÉSEAUX POUR LA JOURNÉE. J'AI FAIT UNE STORY POUR L'ANNONCER À TOUT LE MONDE ET DEMANDER DE NE ME MENTIONNER DANS AUCUN POST NI CONCOURS POUR M'ÉVITER TOUTE TENTATION.
J'AI COMMENCÉ MA JOURNÉE AU LIT, AVEC MON LIVRE DU MOMENT, ET, COMME PROMIS À MOI-MÊME, J'AI POSÉ MON TÉLÉPHONE LOIN DE MOI.
BZZT
BZZZT
BZZZT
BZZZT
IL S'EST MIS À VIBRER, UNE FOIS, DEUX FOIS… PUIS À GIGOTER TEL UN VIBRO UN JOUR DE GRANDE DÉTRESSE.
J'AI LANCÉ UNE ŒILLADE ET VU QU'IL S'AGISSAIT DE NOTIFICATIONS INSTAGRAM.
BECOMING
BZZZT
BZZ
10:58
Notification
POUR NE PAS TRAHIR LA PROMESSE QUE JE M'ÉTAIS FAITE DE NE PAS LE TOUCHER, J'AI USÉ DE DIVERS STRATAGÈMES…

Milk Magazine a reposté votre photo
What the fuck!! Milk Magazine a reposté une de mes photos de vacances!!
J'AVAIS ENVIE DE PRÉVENIR LA TERRE ENTIÈRE, DE FAIRE DES REGRAM À GOGO MAIS JE NE POUVAIS PAS! IL VALAIT MIEUX M'ÉLOIGNER POUR NE PAS CRAQUER.
ALORS, J'AI TENTÉ UNE AVENTURE COMPLÈTEMENT WILD : DÉJEUNER TOUTE SEULE.
J'AI EN EFFET TOUJOURS EU UN PETIT SOUCI AVEC LA SOLITUDE. LÀ, JE DEVAIS PASSER UN MOMENT SEULE ET L'ASSUMER SANS APPELER QUELQU'UN NI SURFER SUR MON TÉLÉPHONE.
Je peux m'asseoir en terrasse?
Pas de souci, ma petite dame, vous serez combien?
Je serai toute seule, monsieur. Juste moi. Toute seule!
Pas de souci, je vous dresse un couvert.
MENU

SI LES PREMIÈRES MINUTES, JE N'EN MENAIS PAS LARGE,
J'AI VITE COMMENCÉ À PRENDRE GOÛT À CE PETIT MOMENT AVEC MOI-MÊME.

Excusez-moi...
FUCK
La terrasse est pleine et je voulais juste boire un petit café, est-ce que je peux me permettre de m'asseoir à votre table quelques minutes? Promis, je ne vous dérangerai pas, j'ai du travail, mais c'est mon petit rituel quotidien.
C'ÉTAIT LAURENT ! MON LAURENT ! ENFIN, LAURENT DELAHOUSSE, CELUI DONT LES FRASQUES CAPILLAIRES ANIMENT MES FANTASMES LES PLUS FOUS DEPUIS MON ADOLESCENCE.
CLAIREMENT L'UNIVERS ME TESTAIT ET JE ME DEVAIS D'ÊTRE À LA HAUTEUR. JE NE POUVAIS MÊME PAS IMMORTALISER CE MOMENT, MON TÉLÉPHONE ÉTANT À LA MAISON.
Désolée, Laurent, mais aujourd'hui j'ai décidé de passer la journée seule avec moi-même. Je ne peux donc accepter personne à ma table. Même si je vous aime... Enfin, j'aime votre travail.
Ok, bonne journée avec vous-même.
Moi, c'est Alice!
Pardon?
Je m'appelle Alice, comme votre femme.

JE SENTAIS QUE CETTE CONFESSION L'AVAIT TOUCHÉ (OU GÊNÉ, JE NE SAIS PAS). UN LIEN ÉTAIT DÉSORMAIS CRÉÉ.
J'AVAIS EU MON LOT D'EXCITATION POUR LA JOURNÉE, MÊME PLUS QUE FANTASMÉ DANS MES RÊVES LES PLUS FOUS. JE POUVAIS RENTRER LE CŒUR LÉGER. EN ARRIVANT À LA MAISON, J'AFFICHAIS UN LARGE SOURIRE DE MIDINETTE. ANTOINE M'A INTERROGÉE.
Bah alors, ça a l'air de t'avoir réussi, ta grève. Je ne t'ai pas vue avec un sourire comme ça depuis l'ouverture d'Urban Outfitters en France. Tu as fait des trucs extraordinaires ?
Fuck
Oh non, la routine !
Tu sais, tu n'as pas besoin de te mettre en grève si tu veux du temps pour toi ! On est une équipe. Tu es la seule à penser que tu dois tout gérer toute seule. J'ai passé une super matinée avec les filles.
Fuck
ON S'EST DONC MIS D'ACCORD : JE POURRAIS RECONDUIRE MA GRÈVE QUI M'AVAIT FAIT LE PLUS GRAND BIEN, MAIS AVEC UN PRÉAVIS, CETTE FOIS !
EN RENTRANT, JE SUIS QUAND MÊME ALLÉE ME PLANQUER AUX TOILETTES POUR FAIRE UN POST INSTAGRAM ET DIRE QUE J'AVAIS DÉCONNECTÉ TROIS HEURES, RENCONTRÉ LAURENT DELAHOUSSE, ET ÉTÉ REGRAMÉE PAR MILK #GROSSEACTU...
+12
TAP
TAP
SCROLL
TAP
Maman ! Pipi !
C'est occupé ma chérie
Va dans la baignoire

POUR TERMINER LA JOURNÉE SUR UNE NOTE TOUT AUSSI COOL, J'AI PROPOSÉ AUX FILLES DE DRESSER UN PETIT UN PIQUE-NIQUE DANS LE SALON POUR LEUR DÎNER. ÇA PERMETTAIT AUSSI DE FAIRE PASSER LA TRANCHE DE JAMBON ET LES TROIS TOMATES QUE JE LEUR SERVAIS, CAR AVEC ANTOINE ON DEVAIT SE PRÉPARER POUR UNE SOIRÉE DÉGUISÉE CHEZ DES COPAINS.
UNE SOIRÉE SUR LE THÈME DES HÉROS/HÉROÏNES.
SI ANTOINE A TRÈS VITE OPTÉ POUR ROGER FEDERER, JE N'ARRIVAIS POUR MA PART PAS À ARRÊTER MON CHOIX FINAL.
36... 37... 38...
J'AVAIS ÉCARTÉ CERTAINES PISTES POUR DES RAISONS LOGISTIQUES, COMME LES CAT'S EYES, CAR APRÈS TOUT UNE COMBINAISON EN LYCRA NE ME FLATTAIT CLAIREMENT PAS.
MAIS J'ÉTAIS PARTAGÉE ENTRE PLUSIEURS DE MES RÔLES MODÈLES...
SIMONE DE BEAUVOIR POUR TOUTE SON ŒUVRE :
On ne naît pas femme, on le devient.
LADY DI POUR SON CÔTÉ REBELLE :
I like to be a free spirit. Some don't like that, but that's the way I am.
DAENERYS LA MÈRE DES DRAGONS, JUSTE POUR LE PLAISIR DE HURLER « DRACARYS » TOUTE LA SOIRÉE ET DE FAIRE MA MEUF SEXY GLAM.

ET EN MÊME TEMPS... MON COSTUME ÉTAIT FINALEMENT TOUT TROUVÉ.
MON HÉROÏNE À MOI, CELLE QUI ME FAISAIT ME DÉPASSER DEPUIS QUELQUES JOURS,
M'INVITAIT À ENFIN VIVRE POUR MOI, AVEC CE POUVOIR DE LÂCHER PRISE, C'ÉTAIT LA SUPER FUCK-IT GIRL !
FUCK!
FUCK!
IL FALLAIT JUSTE QUE J'ACCESSOIRISE LE TOUT AVEC UNE PAIRE DE JAMBIÈRES ET QUELQUES BIJOUX BLING BLING...
ET HOP ! ME VOILÀ PARÉE.
C'est cool, je gère, bonne soirée !
FUCK!

Hiiiii
Fuck!
BLABLA BLA
BLA BLA
BLA BLA BLA
BLA
HAHAHA
BLA BLA

ON SE SERAIT CRU AU MUSÉE GRÉVIN !

MON COSTUME ÉNIGMATIQUE A DONNÉ LIEU À PAS MAL DE QUESTIONS :
C'est qui, ton héroïne ?
C'est quoi, ton pouvoir ?
Mon pouvoir, c'est d'enfin savoir dire non, de ne plus culpabiliser pour un rien, d'arrêter de m'autoflageller, et surtout d'être un peu plus indulgente avec moi-même !
FUCK!
Genre, tu culpabilises plus pour des conneries ?
Bah franchement beaucoup moins ! Teste-moi !
Si je te dis que t'es une mauvaise mère parce que tu es en soirée plutôt qu'à t'occuper de tes filles ?
Bah, je te dis de gérer ton boule.
Ah ouais ! Il envoie du poulet ton super pouvoir !
DANS L'EUPHORIE DE CETTE SOIRÉE, JE CROIS AVOIR DANSÉ PLUS QUE DE RAISON ET AVOIR DÉPASSÉ QUELQUES LIMITES...
FUCK!
FUCK!
JE SUIS UNE SUPER FUCK-IT GIRL !!!

GRMMBL
AÏE!
?
?
J'AI DES SOUVENIRS FLOUS QUI ME REVIENNENT...

... ET MÊME QUELQUES BRIBES DE CONVERSATIONS DE LA SOIRÉE...
NOTAMMENT UN ÉCHANGE AVEC UNE COPINE DONT LA FILLE EST DANS LA MÊME ÉCOLE
QUE LES MIENNES QUI A SOULEVÉ LE VOILE SUR LE MYSTÉRIEUX RENDEZ-VOUS AVEC LA MAÎTRESSE.

JE CROIS ME RAPPELER LUI AVOIR DIT QUE JE PROPOSERAIS UNE INITIATION AU LANCER DE HACHE.
SUR LE COUP, ON A TROUVÉ L'IDÉE GÉNIALE.

Comment tu te sens, ma petite cascadeuse ?
Cascadeuse ?
Tu ne te souviens pas? Tu as sauté d'une table en hurlant : « Je suis une fuck-it girl! » Tu as fait une sacrée chute!

Tu disais des choses étranges, tu parlais d'une madame Irma et d'une roulotte, ponctués de « fuck » à chaque phrase. Je t'ai ramenée à la maison et tu t'es effondrée sur le canapé !
Et euh…
Non, rien.

VENDREDI #ÉPILOGUE

LE LENDEMAIN MATIN, JE ME SUIS ÉVIDEMMENT RÉVEILLÉE AVEC LA TÊTE AU CARRÉ... ET IMPOSSIBLE DE REMETTRE LA MAIN SUR MON T-SHIRT, NI SUR MES CHAUSSETTES.
MES CRAINTES SE SONT CONCRÉTISÉES... J'AVAIS DÛ FANTASMER CES DERNIERS JOURS ET CETTE HISTOIRE DE BROCANTEUSE !

PERPLEXE, JE ME SUIS RENDUE AU BRUNCH CHEZ MES PARENTS.
MA SŒUR QUE J'ADORE, MAIS QUI SOUS PRÉTEXTE D'AVOIR UN AN DE PLUS JOUE LES SAGES, A DÛ SENTIR MA FAIBLESSE DU MOMENT ET EN A PROFITÉ POUR M'ACCABLER DE REMARQUES ET DE CONSEILS QUE JE N'AVAIS PAS DEMANDÉS :

VENUE DE NULLE PART, UNE FORCE M'A ALORS HABITÉE, JE ME SUIS LEVÉE D'UN BOND, J'AI PRIS LA MAIN D'ANTOINE, IL M'A FAIT UN SOURIRE EN COIN COMME S'IL AVAIT DEVINÉ CE QUI ALLAIT SUIVRE.
Avec Antoine, on va se faire une toile ! Ça fait trop longtemps qu'on n'est pas allés au cinéma voir un film autre qu'un dessin animé ! On revient dans deux heures, ou trois... On vous laisse les filles !
SMOUACK !

En fait, tu n'as pas besoin d'un T-shirt et d'une paire de chaussettes pour te lâcher !
Pfff, nan, mais je n'ai JAMAIS pensé que ma soudaine confiance en moi, mon recul sur les événements pouvaient venir d'un T-shirt et d'une paire de chaussettes.
De toute façon, si j'avais encore un doute – ce qui n'est pas le cas, bien sûr –, regarde comme j'ai envoyé du bois tout à l'heure ! Avec ou sans T-shirt. Mais j'aimerais quand même bien remettre la main dessus parce qu'il était sacrément cool.
Ah, je l'ai juste mis à la machine ce matin ! Vu dans quel état il était après ton vol plané hier soir.

JE N'AVAIS DONC PAS RÊVÉ CES DERNIERS JOURS PASSÉS AU PAYS DU LÂCHER-PRISE ! ET, SURTOUT, JE VENAIS DE RÉALISER QUE JE N'AVAIS FINALEMENT PAS BESOIN DE GRIGRIS OU D'ACCESSOIRES POUR ARRÊTER DE ME POURRIR LA VIE...

... ET ÊTRE QUI JE VOULAIS !

Est-ce qu'avant d'aller au ciné, on peut faire un petit crochet par la maison? J'ai quelque chose à récupérer.
FUCK!
fuck
FUCK!
fuck
CARPE THAT FUCKING DIEM
On va juste passer par la rue Georges-Huchon...

TOC
TOC
Bonjour, je viens déposer un colis pour Leïla Grosjean.
Merci !

Ça va ? Tu démarres ?
Oui... c'est juste que j'aurais juré... non rien ! On y va !

IL A RÉVEILLÉ MON POUVOIR.
JE SUIS SÛRE QU'IL T'IRA
À MERVEILLE!
♥A.

ALICE SE LÂCHE !

NOTE DES AUTEURES : CECI EST UN PETIT RECUEIL
DE SCÈNES INEXPLOITÉES, « COUPÉES AU MONTAGE ».
NOTRE BÊTISIER, AUTREMENT DIT.
ON VOULAIT QUAND MÊME PARTAGER NOS PETITS
ET GRANDS DÉLIRES AVEC VOUS <3
#TEAMALICE

ALLEZ, ACTION, ÇA TOURNE !

SCÈNE : LA RENCONTRE AVEC LAURENT D.

Déclarer son amour avec subtilité

SCÈNE : LE RENDEZ-VOUS AVEC LA MAÎTRESSE

De l'art de négocier

SCÈNE : LA SOIRÉE DÉGUISÉE

Fan de

Ah, moi, j'ai une idée : qui était en finale de The Voice en 2015 ?
Anne Sila et Lilian Renaud. Lilian a gagné avec 52 % des voix, mais j'avais voté pour la sublime Anne Sila...
Ah bah, voilà, elle va bien !

REMERCIEMENTS

À NOTRE GANG DES MERVEILLES !

Merci à notre merveilleuse et talentueuse illustratrice Léna,
d'avoir encore une fois convoqué son génie créatif et de s'être dépassée
pour prolonger les aventures de notre si chère Alice !

Merci à notre merveilleux éditeur de nous avoir suivies sur ce projet... qui sort du cadre :
À Lama, notre adorée, pétillante et brillante femme de l'ombre
qui met en lumière chacun de nos manuscrits.
À Marion, l'énergisante *girl boss* qui mène tout de front avec le sourire !
À Jean-Louis, pour sa bienveillance et son soutien dans chacun de nos projets.

Merci à nos petites merveilles qui nous donnent
envie de rêver toujours plus loin et plus fort :
Suzanne, George, Honoré, Gabriel.

Merci à nos grandes merveilles, Csaba et JE,
de nous faire vivre d'humour et de pintes de bières fraîches #labase

Merci à nos merveilleux parents, France et JJ,
de continuer à veiller sur « leurs petites dernières »... quo-ti-die-nne-ment !

Merci à notre Club des merveilles : celles et ceux dont on a eu la chance
de croiser la route sur un banc d'école maternelle, un dancefloor étudiant
ou plus récemment à proximité d'un bac à sable ou d'un toboggan ;
celles avec qui on boit des cafés avant d'aller bosser ; celles avec qui
on boit un apéro avant le dodo ; celles qui nous laissent l'opportunité d'intégrer
leur grande aventure professionnelle et de s'y éclater ; celles et ceux
qui nous ont tout simplement fait une place dans leur vie et on les en remercie ;
celles qui nous donnent l'envie d'avoir envie grâce à leurs mots doux #teamHoliGirls ;
celles qui brillent, qui se battent, qui s'interrogent, qui rebondissent,
qui nous éblouissent ; celles qui ne sont plus là, mais à qui on pense toujours.

Merci à notre Gang des Merveilles,
pour vos sourires, vos blagues (même pourries), et vos câlins du bout du coude.

To the moon and back !

LES HOLIS

Merci, merci et encore merci à mes twins préférées Anne-So et Fa, de m'avoir confié leur nouveau bébé, avec leur enthousiasme tellement gratifiant, leurs bonnes blagues, leur soutien et leurs mots doux.

Une tonne de gratitude pour Lama, notre éditrice adorée avec qui je ne me lasse pas de travailler, pour sa confiance, sa disponibilité, son soutien, sa gentillesse, ses idées qui fourmillent ; pour les heures d'échange, de brainstorming, et pour avoir géré ce beau projet avec soin, souplesse et bonne humeur.

Merci aussi à Marion, qui nous a suivies à 100 % pour cette première BD (grande première pour nous toutes !) de son œil avisé et bienveillant.

Merci à mon Vincent, pour son regard tendre, amusé, admiratif (même si probablement pas très objectif) sur mon travail.
Merci pour les encouragements, les mots rassurants et la motivation qu'il a su me donner tout au long de ce (gros) projet.

Merci à Sancho, Petit, Paps et Blop, pour les idées farfelues pour les scènes de la brocante, et pour tout le reste.

Merci à maman, papa, Jiji, Tom, Ella et Sophia, pour les bons moments entre deux dessins et les encouragements.

Merci au plombier pour ses références littéraires intello-gothiques.

Et enfin, merci à Alice, pour ses failles, son optimisme, ses aventures folles et ses bons conseils en lâcher-prise !

LÉNA

fuck
fuck

fuck!

Direction : Jean-Louis Hocq
Direction éditoriale : Marion Guillemet-Bigeard
Édition : Lama Younès-Corm
Correction : Christine Cameau
Conception graphique (couverture et intérieur) : Léna Piroux
Fabrication : Laurence Duboscq

ISBN : 978-2-263-17385-1
Code éditeur : L17385
Dépôt légal : mai 2021

Achevé d'imprimer en France par Chirat

Solar éditions

solar_editions

Solar, un département d'Edi8
92 avenue de France
75013 Paris